A. Paul Weber

Künstler
und Werk

A. Paul Weber

Künstler und Werk
von
Gerd Wolandt

Danksagung

Bei der Arbeit
an diesem Buch wurde der Verfasser
von Gabriele Gottschalk und
Ulrike Reese tatkräftig unterstützt.
Kundigen Rat erhielt er von
Hugo Dyserinck, Siegfried Lehmann
und Hans Rothe.
Ihnen allen sei herzlich gedankt.

Ebenso zu Dank
verbunden sind Autor und Verlag
Wolfram Venohr,
der auf Grund seiner Recherchen
A. Paul Weber als Maler
wiederentdeckt hat und von
dem auch die Idee zu dem
vorliegenden Band stammt.
Darüber hinaus photographierte
er sämtliche Ölgemälde
A. Paul Webers.

Der Hauptdank gilt
Christian Weber,
der die meisten Druckvorlagen
zur Verfügung stellte
und alle Vorarbeiten bereitwillig
unterstützte.

Inhalt

1 Zwischen den Stühlen

APW und der Schrecken
Zwischen den Stühlen
Tarnung und List

Die kritische Graphik, Jahr für Jahr in den »Kritischen Kalendern« präsentiert, hat Webers Namen bekannt gemacht. Webers Kritik war zugleich Gericht. Vor Gericht standen Ärzte und Architekten, Industrielle und Generäle, Päpste und Politiker. Die Sympathie des Künstlers gehörte den Geschlagenen und Gefangenen, den Armen und den Verurteilten. Webers Kritik richtete sich gegen alle Parteien, gegen Staaten und Kirchen, gegen Kapitalismus und Kommunismus. Wo war sein eigener Standpunkt? Der Künstler tarnte sich als Fuchs und saß als Narr zwischen den Stühlen. Bietet der Platz zwischen den Stühlen Raum genug?

Was Weber bekämpft, ist überdeutlich: Gewalt, Gier, Verantwortungslosigkeit. Doch jene Welt, die Weber zeichnend und malend bejaht, blieb weithin unbekannt. Mit Pinsel, Feder und Stift gestaltete Andreas (A.) Paul Weber in überkommenen Formen Landschaft, Städte und Menschen. Der Schretstakener Künstler fand hier Standpunkt und Mitte. Diese Position gab ihm die Kraft, die Spannung zwischen Tradition und Erneuerung auszuhalten und eine Orientierung im Weltkonflikt zwischen Ost und West zu finden. Die leitenden Ideen verbanden Weber mit dem »Widerstands-Kreis« und seinen führenden Köpfen, Ernst Niekisch und den Brüdern Jünger. Der Kreis war in den Jahren zwischen 1926 und 1936 durch die gleichnamige Zeitschrift und durch den Widerstands-Verlag an die Öffentlichkeit getreten. Webers Geschichte als Künstler erweist sich als ein Stück deutscher Geschichte in schweren Krisen. Geistig und künstlerisch bleibt Weber einer höchst komplexen, spannungsreichen und zuweilen auch widerspruchsvollen deutschen Überlieferung verpflichtet.

Welche Frage ist wichtiger, die nach dem Künstler oder die nach dem Werk? In der Epoche der gro-

ßen und gründlichen Biographien entstand der Eindruck, der Mensch mit seinen Erlebnissen und Erfahrungen sei wesentlicher als sein Werk. Dieses erschien vorwiegend als Zeugnis für Erlebnisse, Krisen und Erfahrungen. Die Gegenposition schien den lebendigen Künstler hinter dem Werk vergessen zu wollen. Der Künstler löste die Gestaltungsprobleme, die er in der Kunstentwicklung vorfand. Die Aufgaben, die ihm gestellt waren, lagen etwa im Bildaufbau, in der Perspektive, in den Bildbedeutungen, der Objektstruktur, dem Licht, der Farbe und in vielen anderen Stücken, die zur Herstellung dessen gehören, was wir am Ende ein »Bild« nennen. Das schlicht Biographische, das der Künstler mit jedermann gemein hat, ist in verschiedenem Grade daran beteiligt, was ihm in seinem Schaffen gelingt, und auch daran, was ihm in seinem Schaffen wichtig wird. Außer den Werken haben wir immer auch das Werk zu betrachten. Wo es eine große Vielfalt und Verschiedenheit der Werke gibt, wo gar das ganze Werk von einer besonderen Spannung beherrscht wird, dort ist die Frage nicht zu unterdrücken, wie es um die Einheit des Werkes steht. Haben wir ein bloßes Vielerlei vor uns, oder zeigt sich eine Einheit des Werkes?
Nur ein fortwirkendes Kunstwollen vermag die Eigentümlichkeit eines Werkes, vermag seinen Charakter zu gewährleisten.

A. Paul Weber ist am 9. November 1980, wenige Tage nach seinem 87. Geburtstag, in seinem Haus in Schretstaken, unweit von Ratzeburg, gestorben. Trotz seines hohen Alters arbeitete er fast bis zur letzten Stunde. Mehrere größere Pläne, zu denen die große Bildfolge der Schachspieler gehört, blieben unvollendet. Bis in die letzten Jahre hinein und auch noch über seinen Tod hinaus war Webers künstlerische Arbeit ein Gegenstand der Aufmerksamkeit, der Bewunderung und auch der Kritik. Belebt durch eine Reihe von Ausstellungen, war Webers

Arbeit gerade in den allerletzten Jahren ein Gegenstand öffentlichen Interesses.

Wie es bei sehr zähen und produktiven Naturen gelegentlich vorkommen mag, hatte auch bei Weber der äußere Alterungsprozeß irgendwann einmal ausgehört. Jedenfalls war er für die, denen er in seinem letzten Lebensjahrzehnt begegnete, kaum noch wahrnehmbar. Weber, der am 1. November 1893 in der thüringischen Stadt Arnstadt als Sohn eines Eisenbahnassistenten geboren wurde, hatte, als er starb, ein Leben ruhiger und reichlicher Arbeit hinter sich. In der ersten Lebenshälfte hatte er mehrmals den Wohnsitz gewechselt (u. a. Berlin-Spandau, Oberellen, Nikolausberg, Reinhausen bei Göttingen, der Brümmerhof in der Lüneburger Heide). Weber wohnte mit seiner großen Familie in einem alten Haus, das zuvor, in der landesüblichen Stabilität in Backsteinen ausgeführt, als Jagdhaus gedient hatte, übrigens ein geräumiger Bau, dem diese ursprüngliche Zweckbestimmung nicht anzusehen ist. Das ruhige Künstlerdasein Webers geriet im Jahre 1937 in ernste Gefahr, als Weber im Zusammenhang mit der Polizei- und Justizaktion gegen den »Widerstands-Kreis« verhaftet worden war und für mehrere Monate, von Juli bis Dezember 1937, erst in Hamburg und Berlin, endlich in Nürnberg das Leben eines politischen Häftlings führen mußte.

Webers Lebensweise war durch die Regelmäßigkeit eines geduldigen Fleißes bestimmt. Um des Werkes willen unternahm der Künstler zwar auch immer wieder Reisen, die ihn zu Ausstellungsplätzen oder zu Verlegern führten, doch die Zeit für Ausflüge dieser Art war den Tagespflichten abgetrotzt. Das Arbeitspensum, das Weber sich auferlegte, war bis zuletzt immer groß genug, um seine Kräfte voll in Anspruch zu nehmen. Terminarbeiten brachten ihn zuweilen in Zeitnot, doch wichtige Vorhaben, wie die Bilder für den »Kritischen Kalender« oder die Drucke für die »Griffelkunst«, wurden pünktlich vollendet. Kennzeichnend für Weber war allerdings, daß er sich nicht drängen oder hetzen ließ und in seiner Werkstatt für einen altväterlich ruhigen Arbeitsrhythmus sorgte.

APW, wie er im Freundeskreis genannt wurde, war im Herbst 1970 zu einer Ausstellungseröffnung ins Rheinland gekommen und besuchte bei dieser Gelegenheit einen seiner alten Anhänger. Das abendliche Gespräch galt seiner Kunst. »Herr Weber«, so oder ähnlich wurde der Meister gefragt, »wenn Sie solche schrecklichen Dinge zeichnen wie ›Rückgrat raus!‹, sehen Sie die Welt denn immer so dunkel? Es gibt doch auch schönere Seiten der Wirklichkeit.« Für Weber waren solche Fragen nicht neu. Was wollte man von ihm? Er hatte das Unheil des bevorstehenden Krieges, sieben Jahre bevor er ausbrach, gezeichnet, den großen Marsch in den Tod. Als man nach der Katastrophe 1945 aus den Trümmern hervorkroch, stellte man mit Verwunderung fest, daß es diese Zeichnungen gab, daß da jemand war, der alles so deutlich und drastisch hatte kommen sehen, wie es schließlich dann auch eintraf. Nun ruhte sein wachsamer Blick auf neuen Gefahren. Wie damals war er auch jetzt wieder seiner Zeit voraus. »Die Grenzen des Wachstums« waren noch gar nicht geschrieben, die Ökologie war weit davon entfernt, ein journalistischer und politischer Dauerbrenner zu sein, aber Weber sah schon lange »grün«. (2)* Die anderen waren noch im Schwung des Wiederaufbaus und im Rausch des Wirtschaftswunders, er aber sah bereits den Hecht im schmutzigen Wasser sterben, er sah Betonteppiche, die von beflissenen Lemuren über Feld und Flur ausgebreitet wurden. Autobahnen, Rollfelder, Stadtwüsten bedeckten die Landschaft. (3) Weber hatte eine Witterung für das Unheil, wo immer es sich ausbreitete. Geradeso verhielt es sich mit der Sucht, mit Nikotin, Rauschgift und Alkohol. (4) Weber sah die Ausbreitung bereits zu einer Zeit, als die anderen die Gefahr allenfalls ahnten. Wohlstand, Luxus, Muße und Tourismus — Weber sah die Schatten, die das Wirtschaftswunder warf. Er machte sich sein Bild — er machte sich seine vielen Bilder.

*In Klammern gesetzte Zahlen innerhalb des Begleittextes verweisen auf die Abbildungen des Bandes.

2 Fortschritt

3 Neubau

4 Die Trinkerin

Die alten und die jungen Freunde warteten zu Weihnachten auf den neuen »Kritischen Kalender«. Diese schmalen Jahrbücher durften sich kritisch nennen, weil sie das Schlechte zeigten: die Gefahren, die Verbrechen und die unbezahlten Rechnungen einer schuldvollen Vergangenheit. Weber wehrte sich gegen alle Selbstgerechtigkeit. Die Gegenwart hatte keinen Anlaß, hochmütig zu sein. Krieg, Hunger, Gefängnisse und Folter existierten immer noch. Hitler war keineswegs der letzte in der Reihe der Unterdrücker. »Seht doch hin, seht doch, was gleich nebenan geschieht!«, mochten seine Bilder sagen. »Was geschieht denn in Prag, in Griechenland, in Chile, in Rußland?« Bosheit und Dummheit sind unsterblich. Seht doch den Triumphzug der unsterblichen Dummheit, seht ihre Fahnen und Feldzeichen! Ihr seid nicht davongekommen. Das Unheil lebt. Wehrt euch!

Ein Weber-Interpret hat gelegentlich gesagt, Weber zeichne nicht die anderen, er zeichne uns selbst, so wie wir sind: grausam, hart, habgierig, eitel und unaufrichtig. Das war ein unbequemer Ausspruch, aber niemand widersprach. Die Freunde warteten auf den nächsten Kalender und ließen es sich gesagt sein. Unter den Empfängern waren alte Freunde aus der Zeit des Wandervogels und der Jugendbewegung, aber immer waren auch Junge da, die sich von Webers Kunst beeindrucken ließen.

»Aber Herr Weber«, so bei dem erwähnten Anlaß, »sind Sie nicht ein unglücklicher Mensch, wenn Sie sich dauernd mit all diesen schrecklichen Dingen beschäftigen?« Über die »schrecklichen Dinge« wollte Weber nicht sprechen. Sie hatten seine Bilder. Weitere Erklärungen waren doch wohl kaum nötig. Ein »unglücklicher Mensch«? Er lebte ruhig und gesund, denn die Arbeit brauchte viel Kraft. Sie nahm nie ab. Konnte jemand, der so regelmäßig, ausgeruht und geduldig arbeitete wie er, unglücklich sein? Sollte man unglücklich sein, nur weil man sah, wohin die Fahrt geht oder doch gehen kann, fröhlich den Berg hinunter und in den Abgrund? Nein, er war nicht unglücklich, da konnte er die Frager beruhigen.

Ihm schmeckte das Essen, das die Hausfrau auftrug, die einfachen Dinge wußte er zu schätzen. Wo man eine gute Erbsensuppe bekam, dort hatte man festen Boden unter den Füßen. Stünde er nicht fest, wie könnte er diesem ganzen Unsinn standhalten? Hatte er ein zerrissenes und belastetes Gemüt, ein Arbeiter, ein Handwerker wie er?

Wie ist das Einverständnis zu erklären, das so verschiedene Menschen aller Altersstufen, aller Parteien und aller Berufe gegenüber dem Werk und auch gegenüber der Person Webers verbindet? Liegt es daran, daß Weber insgeheim die Tugenden predigt, die viele anerkennen? Liegt es daran, daß er ans Licht rückt, was den meisten verborgen war? In der Unabhängigkeit, die APW demonstrierte, sahen die Freunde seines Werkes eine Hilfe. Aber es war gewiß nicht allein die »Aussage«, also der Bildinhalt, der sie fesselte. Es war auch Webers Handschrift, deren Eigenart allerdings nicht so leicht zu erklären ist wie der Inhalt seiner Bilder. Es ist der Versuch gemacht worden, mit Hilfe von Ausschnittvergrößerungen Weber besser zu verstehen. Die Aufnahmen, die Hans-Jürgen Wohlfahrt zu diesem Zweck anfertigte, sind sehr hilfreich, wenn man das Feingewebe der Zeichnungen und Lithographien studieren will. Ein anderer Zugang, den wir wählen, sind Webers Skizzen und Versuche. Hier begegnet uns das Gleichbleibende im Wandel. Im Unvollendeten hat die Gestalt mehr Bedeutung als der Sinn. Über die Aussage weiß man gegebenenfalls nur Bescheid, wenn man das zugehörige fertige Bild kennt. Manchmal entwickeln sich aus derselben Quelle auch verschiedene Bilder. Später kommt es zu Verknüpfungen und zu Wiederaufnahmen. Auch der Wechsel der Technik ist wichtig, bei der Zeichnung sind es vor allem Feder, Kohle, Pastell; dann sind die Holzschnitte zu berücksichtigen, Federzeichnungen, die den Holzschnitt nachahmen, und schließlich viele Formen der Lithographie, die Einzelfigur wie

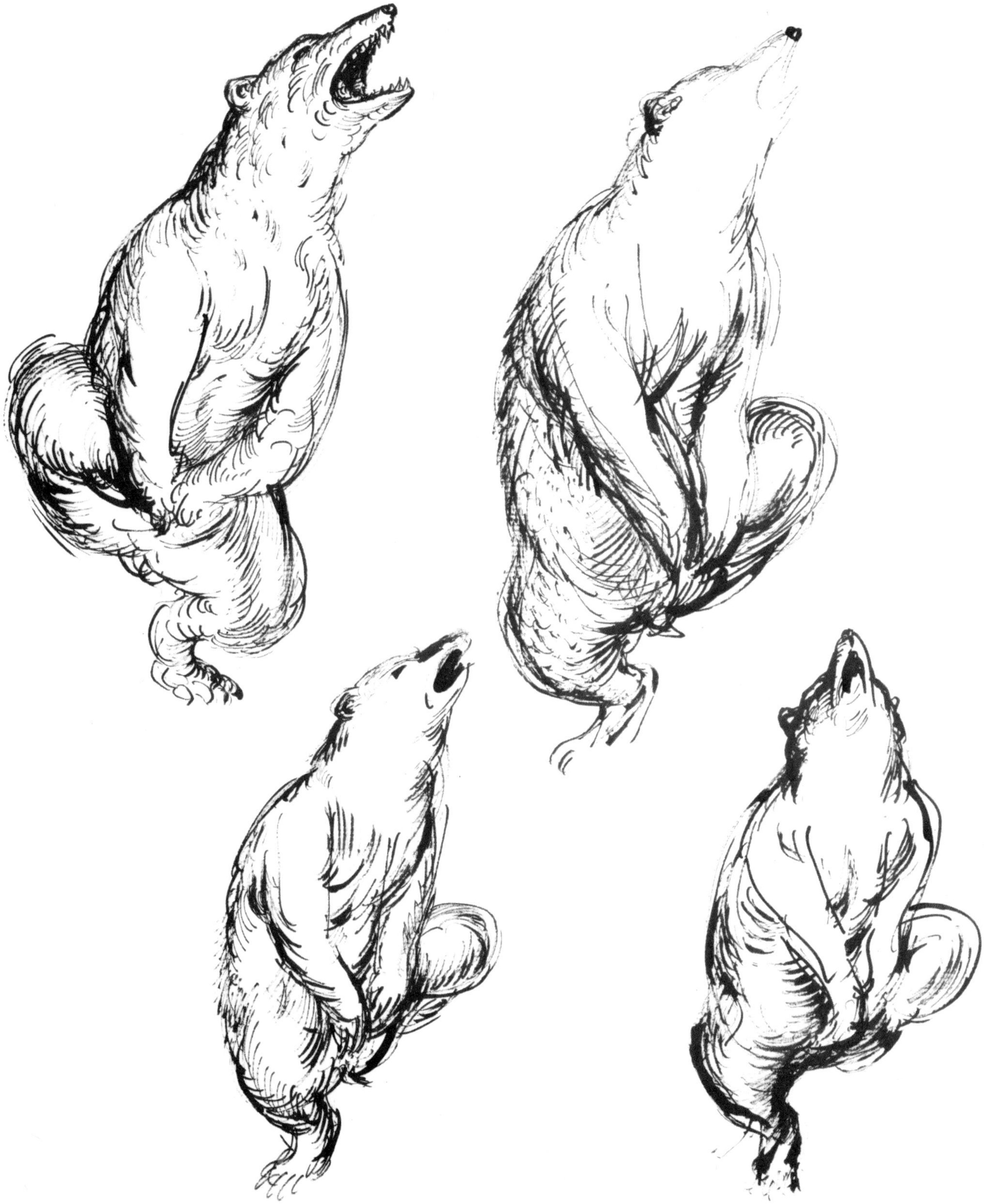

5 Skizzen zu Reineke Fuchs — Bär

die blattfüllende Welt, hinzu kommen noch die kolorierte Lithographie, der kolorierte Holzschnitt, Glasfensterentwürfe, Aquarelle und nicht zuletzt die überraschend große Zahl der Ölbilder.

Es ist wohl zu fragen, wie das Verhältnis Webers zu seinem Publikum war und wie dieses Publikum sich zu ihm verhielt. Wir sahen bereits, daß es keine fest umschreibbare Gruppe ist und war, die sich durch Webers Kunst beeindrucken ließ. Es waren Alte, Junge, Rechte, Linke, Männer, Frauen, die Jahr für Jahr den »Kritischen Kalender« erwarben, die die illustrierten Bücher kauften und die Lithographien. Natürlich waren nicht alle einverstanden. Als Weber die Vorlage für ein Antisuchtplakat zeichnen sollte, lehnte die Behörde das Ergebnis ab. Die phantastische Drastik war vielleicht nicht das, was man erwartet hatte.

Der Künstler freute sich nicht über diese Ablehnung. Aber er konnte dann sehen, wie die Leute vor diesem Bild länger stehen blieben als vor anderen. Er wollte, daß das Bild gesehen werde, jetzt gerade. Es kam in den Kalender. Doch dies war nur eine Figur unter vielen. Er erprobte immer wieder neue Ansichten, er drehte und wendete Pferd und Reiter, Bär und Stier nach allen Seiten. (5) Zwischen den Stühlen hockt der Narr mit seinen großen Augen. Stühle sind Stühle, sollte man meinen, aber nicht Webers Stühle. Der Narr ist gar nicht so schlecht daran, denn die Stühle sind brüchig, die Polster zerschlissen, sie sind Gerümpel, die Positionen von gestern, wer weiß, ob der Narr nicht allen voraus ist, dieser sinnende Kerl im historischen Kostüm. Er sitzt unten, aber wie lange bleibt denn einer oben auf einem wackligen Stuhl? Wie viele drängen sich nicht auf den Stühlen der Macht? Wie kleben sie auf ihren Stühlen, krallen sich fest auf dem Präsidentensessel. Der Schalk sitzt dazwischen und bläst seine Narrenflöte. (1, 6, 7)

Weber hat bei diesem und bei vielen anderen Bildern lange geprobt und Blick, Figur und Lage hin und her gewendet. Auch die Seitenfrage war zu erwägen: immer neue Seitenwechsel, von der Zeichnung zum Stein, vom Stein aufs Blatt, und dann wieder neue Versuche. Das ist mehr als die trockene Aussage, mehr als das Verständliche, das auf der Hand liegen mag oder auch nicht. Ein Bild, ein wirkliches Bild, wenn es gelungen ist, vergißt man nicht mehr. Der Betrachter hat es immer wieder vor Augen. Er erkennt es wieder, er erinnert sich. Richtig, das ist Weber. Webers Abgrund, der düstere Himmel, die Wartende. Beim Künstler ist es ähnlich. Er hat es im Kopf und im Handgelenk. Der Fuchs, der eigentlich gar nicht böse ist, es sei denn, Goethes Textbuch schriebe ihm dies gerade vor, ist das wache Leben selbst, ein Leben unter Wölfen.

6

Gibt es einen Weber-Kult? Wer Weber nicht mag, der kann das denken. Unter den Freunden und den Sammlern gibt es ein offenes oder geheimes Einverständnis. Es kann gar nicht die Zeit-, Wirtschafts- und Staatskritik allein sein. Ein wichtiges Element ist der Stil. Bei den Treffen der Weber-Gesellschaft druckte der Sohn Christian Weber Lithographien für die Mitglie-

7

der. Der Vater signierte die fertigen Blätter. Jede Signatur war sorgfältig, leserlich, kalligraphisch, kein Gekritzel. Er schrieb immer schön: die Briefe, sogar die Paketadressen. Auch die Verpackung der

8

Lithographien sollte gut aussehen. Ein kleiner Spaß: einen Abdruck der Werbezeichnung, die er der Gesellschaft geschenkt hatte (»Soll ich, oder soll ich nicht?«), schnitt er aus und klebte sie auf das Paket. (8) Ökonomisch war das alles nicht. Alle Arbeiten wurden in der Familie erledigt. Mochten andere ihre Maschinen anwerfen.

Eine andere Frage: Ob die Narren Selbstbildnisse seien? (9) — »Selbstbildnisse?«, antwortete er, »— gibt es denn überhaupt Selbstbildnisse von mir?« Damit war der Punkt erledigt. Gewiß gibt es Selbstbildnisse. Wer mit seinem Werk nur halbwegs vertraut ist, kennt einige. »Seht doch selber zu«, mochten solche Antworten bedeuten, »ihr habt doch meine Bilder!« — »Darüber«, so mochte er einen hartnäckigen Frager bescheiden, »können wir ein andermal sprechen«; er meinte: »nie«. Der Ungeduld, die wissen wollte, wann dies oder jenes fertig werden würde, begegnete er amüsiert: »Sie haben wohl Hummeln in der Hose!« Aber stets war er voller Pläne: Zyklen, Ausstellungen, Bücher und immer neue Bilder.

9

10 Chronos im Atelier

11 Das Spiel

Das Werk über die Schachspieler, vor Jahren begonnen, wurde nie fertig. (10) Obwohl längst das Material für einen großen Band bereitlag, ließ der Zeichner nicht ab vom königlichen Spiel. Immer neue Kombinationen beschäftigten seinen Geist. Es war ja auch mehr als das Spiel allein, es war der Gegensatz, der die Welt bewegt, Geschichte, Mythologie, Literatur — das Leben selbst. Schach war für Weber das Mittel, die Beziehung zwischen Menschen und Mächten ins Bild zu bringen. (11) In diesem Lichte ist auch das Gemälde der schachspielenden Brüder Ernst und Friedrich Georg Jünger kein Zufallsbild. Schach ist Gegensatz und Einvernehmen, Sieg und Niederlage, Leben und Tod, im Schach findet der Einsame in der Zelle zu sich selbst. (12)

Mit Beharrlichkeit, ja mit Eigensinn, verfolgte Weber sein Schach-Thema, manchmal mochte man an Sammelwut denken. Ebenso wie Niekisch von dem tiefen Kultur- und Staatsgegensatz zwischen Ost und West fasziniert blieb, so kreist auch Webers Sinn um die geschichtlichen Kontraste. Alle seine Figuren werden ins Spiel hineingezogen: Göttin, Fuchs und Löwe, hinzu kommen die Akteure der Geschichte, die Webers Geist beschäftigen. (13)

Die kritische Graphik und der »Kritische Kalender« hatten über Jahrzehnte hin die stärkste Wirkung. Dies ist der weithin bekannte Weber. »Weil er wacher und tiefer als die meisten seiner Zeitgenossen sah, weil er aus eigenem Erleben wußte, was Unverstand, Existenzangst, demütigende Abhängigkeit, Unfreiheit und Sorge für die kommenden Generationen sind, waren seine Bilder ein Zeugnis. Er war der Richtigkeit seiner Aussagen gewiß, ob er über die Verruchtheit, die Anwendung von Gewalt haben kann, über die Bedrohung der Eigenständigkeit, der Würde und Freiheit des Einzelnen, über den wie zwanghaft erscheinenden hemmungslosen Beutezug in der Natur oder über die Verwüstung des Menschen durch Lebensgier in vielerlei Gestalt in seinen Bildern sprach.«

12 Der Gefangene

13 Schach

Weil Weber seine Lithographien vielen zugänglich machen wollte, hat er die Auflagen nicht limitiert. Auch jüngere und weniger vermögende Sammler sollten seine Bilder erwerben können. Auf diese Weise sind einige der bekannten Blätter weit verbreitet. Andere sind sehr selten geblieben. Nach wenigen Abdrucken schon wurde dann ein Stein abgeschliffen. Gelegentlich benutzte der Meister eine weniger begehrte Lithographie auch als Einwickelpapier und entwertete sie eigenhändig mit dem Fettstift.

Die Auflagenhöhe mag Sorge der Spekulanten sein, uns muß sie nicht beunruhigen. Für einen Teil der Weber-Freunde war ein anderer Punkt wichtiger: Wollte man die Bilder von Not und Tod, von Gewalt und Elend als Wandschmuck in seinem Hause haben? So tiefen Eindruck die Kalenderbilder auch machten, manche gaben freundlichen Motiven den Vorzug, besonders den Tierbildern, wenn es darum ging, Lithographien zu erwerben. Bei vielen erfreute sich der mildere Weber größerer Beliebtheit. Haben wir es mit einem doppelten Weber zu tun, mit einem kritischen und mit einem gefälligen?

14

Die Frage ist nicht unberechtigt, denn unter dem Gesichtspunkt der Wertschätzung gab und gibt es in der großen Weber-Gemeinde Parteien, die das eine oder das andere bevorzugen. Die Frage drängt sich auf, ob Weber wohl etwa neben seiner »eigentlichen« Kunst eine solche des anspruchsloseren Publikumsgeschmacks produziert habe.

Natürlich wollte Weber seine Kunst verbreiten und verkaufen. Neben den Stücken, die seinen Namen bekannt gemacht haben (»Das Verhängnis«, »... und kommen nach kurzer Pause wieder«), waren es vor allem die milderen und freundlicheren Bilder, die gefragt waren. (14,15) Nicht jeder wollte Tag

15 Deutsches Verhängnis

für Tag den »Staatsfeind« oder den Schlachtkeller »Rückgrat raus!« vor Augen haben — oder andere mit solch düsteren Anblicken beschenken. Aus dem großen Vorrat der graphischen Produktion wählte man lieber ein Tierbild aus: Igel, Hamster, Frösche und Käfer bei friedlicher Verrichtung. (16)

Durch harte Lebenserfahrung hatte Weber gelernt, den Markt ernst zu nehmen. Er litt darunter, daß er jahrelang weit unter Wert gehandelt wurde (»Zu spät«). Als sich später dann doch der Erfolg einstellte, hat er ihn nur sehr maßvoll genutzt. (17) Das Kaufmännische war seine Stärke nicht. Webers liebstes Kind, der »Kritische Kalender«, war nach Meinung Eingeweihter ein Zuschußunternehmen und ein Verlustgeschäft. Die für ihn so schwer durchschaubare Welt des Ökonomischen hielt er für einen Tummelplatz der Haie (»Antonius predigt den Fischen«). Er wollte nicht einsehen, daß der Handel an seinen Bildern viel mehr verdiente als er selbst. In seinen Augen war das Bild ein Stück Handwerksarbeit mit reellem Preis. Das Bild als Aktie oder als Anlage zu betrachten, diese Vorstellung war ihm fremd, und es verdroß ihn, wenn ein Sammler seine Bilder verkaufte und dabei einen Gewinn erzielte.

Für den Kenner des Kunsthandels wirkt dies alles weltfremd. (18) Die Kehrseite war, daß APW gern schenkte. Es freute ihn, wenn Kinder an seinen Bildern Gefallen fanden. Sie durften sich ein Bild nach ihrem Geschmack aussuchen. Aber auch sonst gab er viele Proben der Großzügigkeit. Dazu gehörte es auch, daß er freundliche Bilder und Bilder, die Kindern gefallen konnten, zeichnete.

Durch Jahrzehnte hindurch war Webers Werk mit dem Dorf Schretstaken verbunden. Durch die Einrichtung des Weber-Hauses auf der Dominsel in Ratzeburg hatte Webers Werk eine zweite Heimstatt bekommen. Zunächst hatte man daran gedacht, daß Weber in diesem schönen alten Gebäude mit der Aussicht auf den Ratzeburger See auch arbeiten würde. Weber kam tatsächlich sehr oft ins Haus, kümmerte sich um sehr viele Einzelheiten, insbesondere auch um die Anordnung der Exponate, aber seine Hauptarbeit konnte er nicht gut nach Ratzeburg verlegen. Der

16 Fuchs und Igel

17 Die Liebhaber

18 »1000.–«

gewohnte Rhythmus mit den langen und ungezählten Schaffensstunden, der Mittagsruhe, der Arbeit bis spät in die Nacht, der wohltätige Genuß einer großen Kanne Kräutertee am Abend — all dies wäre gestört worden, hätte Weber das Haus am See auch noch als Atelier genutzt. Hier war von nun an seine Kunst für jeden leicht zugänglich. Er selbst konnte mit Hilfe der Bestände des Hauses auswärtige Ausstellungen vorbereiten.

Das Haus beherbergt unter anderem eine sehr umfangreiche Sammlung an Lithographien. Ferner finden sich hier Proben aus allen Arbeitsgebieten der Weberschen Kunst: Gemälde, Zeichnungen, Skizzen, illustrierte Bücher, Exlibris und vieles andere mehr. (19, 20) Die jährlichen Versammlungen der Weber-Gesellschaft haben im Hause ihr festes Zentrum. Ein enges Verhältnis verband Weber mit den Verwaltern des Hauses und den kundigen Betreuern des Werkes.

Webers Werk war durch den Platz auf der Insel in die Nähe des Domes gerückt. Dies ist erwähnenswert, denn Webers Verhältnis zu den Kirchen war nicht frei von Vorbehalten. Manche hielten ihn für einen Freigeist, mochte er auch Theologen zu seinen Freunden zählen. Er war gewiß auch in dieser Hinsicht unabhängig. Als die Mittel für eine neue Domorgel aufgebracht

19

20

werden sollten, stiftete der Künstler bereitwillig einen Lithographienzyklus. Der Erlös aus dem Verkauf der Blätter kam dem neuen Instrument zugute. Weber hatte musikalische Themen gewählt, und zwar, mit einer Ausnahme, musizierende Tiere an verschiedenen Instrumenten. Das Hauptstück des Lithographiensatzes bildet der sogenannte »Große Orgelöwe«. (21) Auch spielte Weber ein Bildthema in vielen Variationen durch. Thematisch und stilistisch in die Nähe der Domorgelbilder gehört die sogenannte Porzellangraphik. (22, 23) Hier ließ A. Paul Weber, in runden Formaten, gefällige graphische Motive auf Porzellan übertragen. Wiederum waren es vorwiegend Tierbilder.

Ein Künstler muß immer damit rechnen, daß man ihn auf einen bestimmten Stil und auf eine bestimmte Technik festlegt. Weber ging es nicht anders. Manche hätten den kritischen Graphiker am liebsten ständig auf Barrikaden gesehen. Doch die kritische Graphik, so bedeutend sie ist, ist doch nur ein Teil des Weberschen Werkes. Das Werk besitzt eine große Vielfalt. Wir finden Heiteres, Leichtes, Verspieltes neben Ernstem, Kritischem und Schrecklichem. Stärker und beständiger als alle Aussagen ist die Gestalt. Gerade die Skizzen und die Entstehungen lehren sie sehen.

21

22

23

24 Bucht bei Apenrade

25

Webers eigene Welt, die er bewahrt und verteidigt sehen möchte, spiegelt sich in vielen anderen Werken, in Illustrationen, Porträts, Tierbildern und Landschaften. (24, 25) Diese Seite des Werkes wurde bisher nicht so häufig gewürdigt wie die kritische Graphik, obwohl gerade sie in Webers Kunstwelt die Mitte bildet. Um ein Beispiel zu geben: Während die kritische Graphik zeigt, wie Mensch und Natur durch Krieg, Technik, Großstadt, Tourismus und Industrie bedroht sind, zeichnet und malt Weber außerdem noch Mensch, Tier und Landschaft, wie sie ihm teuer sind. Die Frage »Wo bleibt das Positive?« hat APW auf seine Weise beantwortet, nicht abstrakt, sondern im Bild der Bäume, der Wiesen, der Freunde, der Handwerker, der Pferde und der Füchse. Doch man glaube nicht, daß Außen und Innen getrennte Welten darstellen. Es sind dieselben Wesen und Figuren, die in beiden Welten ihr Glück und ihre Not, ihr Leben und ihr Sterben haben. Es sind dieselben Figuren, und es sind dieselben Gestalten.

Gegenüber der kritischen Graphik gibt es zweifellos noch viele offene Fragen. Die hergebrachte Hauptunterscheidung der politischen Einstellungen zieht eine Linie zwischen »rechts« und »links«, anders ausgedrückt: zwischen einer Parteinahme für das Bestehende und dem Eintreten für einen Fortschritt. (26) Wer es sich in der politischen und geschichtlichen Wirklichkeit einfach macht, der mag Parteien, Mächte und Menschen nach diesem Raster sortieren. Ohne Frage richten sich Kritik und Anklage Webers vor allem gegen Bestehendes und treten insoweit für Veränderung und für Verbesserung ein. Doch nicht in jeder Veränderung sieht Weber etwas Wünschenswertes. Auch der Fortschritt kann auf die Anklagebank geraten, gerade dort nämlich, wo er das Natürliche und das Menschliche zerstört (»Generator«, »Botanik 2000«, »Costa Brava« usw.). Es ist geradezu

26

Webers Stärke, daß er sich seine Unabhängigkeit bewahrte und nirgendwo einspannen ließ. Weber hat viele politische Konstellationen erlebt und überlebt. Die Mächte und die Parteien wechselten, der Mann am Zeichentisch aber blieb.

Wie ausgeführt, ist uns der Teil des Werkes, der unter dem Titelbegriff einer kritischen Graphik steht, am vertrautesten. In den Jahren seit 1959 hatte Weber sich hier für seine künstlerische Auseinandersetzung mit Zeit und Geschichte eine eigene Bühne geschaffen. Dieser Kalender fand im Kreis der politisch Interessierten starke Beachtung. Viele Zeitungen und Zeitschriften entnahmen ihm Bildzitate. Doch die »Kritischen Kalender« waren keineswegs der Anfang der kritischen Kunst Webers. Eine Weile schon hatte er seine Zeichnungen im »Simplicissimus« veröffentlicht, der 1967 sein Erscheinen einstellte. Immer aber konnte Weber auch auf ältere Werke zurückgreifen, die ihre Aktualität noch nicht verloren hatten, auf Zeichnungen aus der »Widerstands-Zeit«.

»Widerstand« und kritische Graphik — wenn wir diese Titel für die Epochen in Webers Werk nehmen — stehen beide für die polemische Seite seiner Kunst. Es ist wichtig, sich über das Verhältnis zwischen Widerstand und Kritik (beides wiederum als Epochenbegriffe genommen) etwas genauer zu unterrichten. Zwischen der turbulenten Zeit des »Widerstands« und den verhältnismäßig friedlichen Jahrzehnten der kritischen Graphik liegt die kurze, aber folgenreiche Episode des Dritten Reiches. Während dieser Zeit schwieg die Polemik Webers notgedrungen. Jedenfalls trat sie ganz entschieden hinter einer entweder unpolitischen oder doch jedenfalls unpolemischen Produktion zurück, die den Lebensunterhalt einer großen Familie sicherstellen mußte.

Das Reich Hitlers, das sein Freund Niekisch später das »Reich der niederen Dämonen« nannte, brachte für Weber nicht nur Einschränkungen und Schwierigkeiten. Die Zeichnungen in der Schrift »Hitler — ein deutsches Verhängnis« (1932) waren einprägsamer und wirksamer als Niekischs Text. (27) Sie gehören zu jenem Teil des Weberschen Werkes, den inzwischen fast jeder kennt, weil die Bilder in der Nachkriegszeit in vielen Schulbüchern und zeitgeschichtlichen Schriften veröffentlicht wurden. Für die Nationalsozialisten war dies eine Schmähung der »Bewegung«, ihrer Ziele und Kultformen und vor allem ihres Führers. Die Voraussage der Katastrophe konnte sie erbittern, und es ist für den Zeichner eine beklemmende Erfahrung gewesen, das Eintreten der Katastrophe mitzuerleben,

27 Hitler -- ein deutsches Verhängnis

solange ihre Verursacher noch die Macht über Leben und Tod besaßen. Bei den Verfolgungen des Niekisch-Kreises durch Justiz und Polizei des Dritten Reiches war Weber mit einer mehrmonatigen Haft noch einmal davongekommen, aber er hatte allen Anlaß, die Rache der Verhöhnten zu fürchten. Trotzdem wäre es fehlerhaft, in den Werken dieser Zeit allenthalben Zugeständnisse sehen zu wollen.

Die »Britischen Bilder« (1941 veröffentlicht), die im Gesamtwerk, schon allein wegen ihrer künstlerischen Bedeutung, einen hervorragenden Platz einnehmen, wurden von der Kriegspropaganda benutzt, in einer Volksausgabe verbreitet und von der gleichgeschalteten Kunstkritik zeitgemäß gewürdigt. (28, 29, 30, 31, 32) Dem Künstler war dieses Werk besonders teuer. Er hat diese Bilder nie versteckt. Zu späterer Zeit hat er ohne Bedenken aus dem Zyklus publiziert und überdies einzelne Motive weiterentwickelt. Die Originalzeichnungen der »Britischen Bilder« gehören heute zu den kostbarsten Stücken des Werkbestandes.

Wer nur die nächsten politischen Umstände berücksichtigen will, der mag in den »Britischen Bildern« ein Hetzbuch gegen den Kriegsgegner des nationalsozialistischen Deutschland sehen, ein Machwerk, wie eine Kriegspropaganda es gerade braucht. Der englische Imperialismus, Kapitalismus, Kolonialismus stehen am Pranger. Die »Britischen Bilder« erzählen von dem Reich, von der Macht, den Eroberungen und schließlich vom Sturz. Die Bilder heißen unter anderem »Irland«, »Gibraltar«, »Indien« und »Flandern«, die Kapitel des Buches tragen Überschriften wie »Der Weg zur Weltmacht«, »Fortschritt und Armut«, »Zerfall«. Das Bilderbuch berichtet von Habgier, Ausbeutung und Grausamkeit, und es enthält eine Prophetie des Untergangs. Die Verse Byrons, die Weber dem Band voranstellte, sollte man nicht überlesen: Was Rom an Macht, Athen an Wissenschaft, / Was Tyrus war am Gipfel seiner Kraft, / Das alles bist Du, schönes Albion jetzt, / Zum Herrscher über Land und Meer gesetzt, / Doch Rom zerfiel, Athen hat aufgehört, / Und Tyrus' stolze Pfeiler sind zerstört. / Auch Deine Macht wird einst ihr Ende seh'n, / Und Du, der Erde Bollwerk, wirst vergeh'n.

28 Blick auf Windsor

29 Freiwild

30 Die Fuchsjagd

31 Am Maschinengewehr

32 In der Wüste

Prüft man Bild für Bild, so enthüllt sich der erschütternde Sinn: Es ist der Totentanz, dargestellt am Schicksal des »schönen Albion«, das, »zum Herrscher über Land und Meer gesetzt«, nun wie Rom zerfällt. Zerfall ist das Thema. Wen trifft dies nicht? Wer wagt, die Wahrheit dieser Bilder zu bestreiten? Was immer beflissene oder einfältige Nationalsozialisten über das Buch verbreitet haben sollten, es ist ein Zeugnis für den Verfall und den Untergang einer bürgerlichen Welt, die ihre Macht an andere Kräfte abtreten mußte. Im Grunde sind die »Britischen Bilder« — europäische Bilder. Ihre propagandistische Verwertbarkeit ist vordergründig; ihr Thema ist der Tod einer europäischen Vor- und Weltherrschaft.

Weber hatte eine tiefsitzende Abneigung gegen Befragungen, insbesondere gegen Nachforschungen, die seine Entwicklung und seinen Lebensgang betrafen. In diesem Verhalten trat jedoch nur eine Seite seines Wesens zutage; er konnte ausgesprochen mitteilsam und gesprächig sein und auch von sich aus von den Erfahrungen in den gefährlichen zwölf Jahren, im Gefängnis und in den weiter zurückliegenden Zeiten erzählen. Für diese Berichte war es charakteristisch, daß ihnen jedes Pathos fehlte. Weber sprach auch über Begebenheiten, die Daseinskrisen heraufbeschworen hatten, mit einer Beiläufigkeit, die das Alltägliche und Banale in den Verhältnissen, die er kennengelernt hatte, sichtbar werden ließ. Dies galt beispielsweise für die Wächter und die Mitgefangenen während seiner Haft. Zeitlebens war er ein Beobachter, und wo er diese Beobachtungen nicht in Zeichnungen festhielt, sondern über sie sprach, dort wählte er einfache Worte.

Es gibt von Weber ein spöttisches Bild »Da geht sie hin, die alte Zeit«. Klagende und müßige Rückschau war seine Sache nicht. Er blickte vorwärts, und viele Bilder gelten der Sorge um die Zukunft der Menschen, der Landschaft und der Erde. Gleichwohl besaß er einen starken Sinn für

Tradition. Das Verlagszeichen des Widerstands-Verlages (33), das er entworfen hatte: nach rechts — also vorwärts — weisende Pfeil- oder Speerspitzen in einem senkrecht stehenden Oval, die man sowohl als W wie auch als WV lesen kann, übernahm er für die Clan-Presse und fügte nur noch als eine Art von Wappenkrone ein Weber-W hinzu. (34)

Die »Widerstands-Zeit« (1928 bis 1934) blieb unvergessen. Der Zusammenhang zwischen »Widerstand« und kritischer Graphik wurde von A. Paul Weber nicht nur heraldisch im Signet, sondern auch inhaltlich und künstlerisch gewahrt. Weber zitiert in den Texten, die er den Bildern des »Kritischen Kalenders« beigibt, Niekisch und Ernst Jünger, und er nimmt, wie sich nachweisen läßt, auch Ideen aus den frühen dreißiger Jahren wieder auf. Auffällig sind die Rückgriffe auf Bilder, Figuren und Bildmotive der »Widerstands-Zeit«. Im einzelnen läßt sich zeigen, daß Weber seinen eigenen Weg ging und daß dieser durch andere Bezirke führte als in der Niekisch-Epoche. Damit mag zusammenhängen, daß Weber zwar seine Illustrationen zur Hitler-Broschüre wieder veröffentlichte, aber eine neue Publikation zusammen mit Niekischs Text nicht wünschte.

33

34

So deutlich diese Verbindungslinien auch sind, eine Gleichsetzung ist kaum möglich. Das zeigte sich besonders, als Teile des Weberschen Werkes 1977 in Berlin und später auch an anderen Orten unter dem Motto »Kunst im Widerstand« ausgestellt wurden. Der Katalog trägt den Untertitel »Das antifaschistische Werk«. Der Ausschnitt, den die Ausstellung darbot, unterschied sich vom Bestand der »Kritischen Kalender« und von dem durch den Künstler selbst besorgten Auswahlband »Kritische Graphik« vor allem dadurch, daß hier keine Bilder ausgestellt oder im Katalog abgedruckt wurden, die nicht genehm waren. Es fehlten die Prager Bilder (zum Beispiel die »Hammerschläge«), es fehlte das Mauer-Thema. (35) Dem entspricht, daß der Katalog den »Triumphzug der unsterblichen Dummheit« in einer Fassung bringt, die keine kommunistischen Embleme erkennen läßt. Die Einseitigkeit wurde bald bemerkt.

Das Hin und Her im Streit, den diese Ausstellung auslöste, machte zugleich deutlich, daß es weithin an einer genaueren Kenntnis der historischen Entwicklung und der im Werke Webers wirksam werdenden politischen Vorstellungen fehlte. Das, was die Veranstalter unter »Antifaschismus« verstanden, ließ sich auf Webers Werk nicht anwenden. So war es leicht, Bilder aufzuspüren, die geeignet waren, Weber zwar nicht gerade als »Faschisten«, so doch als einen Nicht-Antifaschisten — was das nun immer bedeuten mag — zu »entlarven«.

Es ist gar keine Frage, daß im Niekisch-Kreis Ideen entwickelt wurden, die denen anderer nationaler oder nationalistischer Gruppen verwandt waren und die naheliegenderweise auch von Nationalsozialisten vertreten wurden. Allen national gesonnenen Geistern der Weimarer Zeit war die Kritik am Versailler Vertrag und an den Vollstreckern dieses Vertrages, den Westmächten, gemeinsam. Verbreitet war auch eine Kritik an der wirklichen oder vermeintlichen Ohnmacht und Unsicherheit des parlamentarischen Systems. Viele traten dafür ein, die Macht des Reiches zu vergrößern, die vielfältigen Zurücksetzungen und Benachteiligungen gegenüber den Siegermächten zu beseitigen und eine größere außenpolitische Bewegungsfreiheit zu erlangen.

35 Hammerschläge

Erhebliche Unterschiede zwischen Nationalrevolutionären und Nationalsozialisten gab es in drei Punkten: Niekisch meinte, im Bündnis mit Rußland sei eine Stärkung und Gesundung des Staates zu erreichen. Ferner erstrebte er, im Gegensatz zu den Nationalsozialisten, die dies allenfalls nur vorgaben, eine grundlegende soziale Reform. Der entscheidende Unterschied aber zwischen Hitler und Niekisch lag darin, daß Niekisch leidenschaftlich für das Recht und für den Rechtsstaat eintrat. Dieses Engagement büßte er im Zuchthaus, und dies brachte ihn nach dem Kriege ins Niemandsland zwischen Ost und West.

Man muß dies bedenken, wenn man die Ursprünge Webers ohne Voreingenommenheit würdigen will. Für Niekisch wie für Weber ist die Position »Zwischen den Stühlen« der Standort. Damit ist freilich noch längst nicht genug gesagt. Auch zwischen den Stühlen ist Raum genug für den Narren oder für den Fuchs; jedenfalls taugt für Weber kein Parteienetikett, wenn er zuweilen auch den Versuch gemacht haben mag, sich auf den einen der beiden wackligen Stühle zu setzen.

In der geschichtlichen Wirklichkeit ist der Platz zwischen den Stühlen zuweilen ein Idealzustand, die Position des Unparteilichen, der nicht verwickelt und verstrickt ist. Es ist die Stellung des Beobachters. Die Lage außerhalb der Parteien und großen Gruppen, die einen Rückhalt geben, ist zugleich die des Außenseiters.

Als ein Außenseiter erscheint Weber auch in der Welt des Ökonomischen. Während die großen Verlage mit riesigen Bücherladungen zur Messe streben, kommt der stille Mann von der Clan-Presse und bringt seine »Kritischen Kalender« auf einem Handwägelchen. Er kommt in eigener Person. Dies ist eines der vielen Selbstbildnisse. Das Außenseiterdasein birgt die Gefahr des wirtschaftlichen Ruins in sich: der Geldbriefträger, der »Zu spät« kommt, findet den Künstler, entseelt am Fensterkreuz hängend. Der Tod, der im Werke Webers eine so beherrschende Rolle spielt, daß man unschwer die Stücke für einen

Totentanz des 20. Jahrhunderts zusammenstellen könnte, macht auch sonst vor dem Künstler nicht halt. Er sieht sich bäuchlings im Sarge liegen, während um den Leichnam herum sein Nachlaß geplündert wird.

Ein anderes Bild zeigt Weber »Nach Mitternacht«, erschöpft am Arbeitstisch eingeschlafen. Mit drastischer Deutlichkeit hat Weber sich vor allem im »Kauz« vorgestellt, der richtend und rächend die Ratte mit dem steifen Schieberhut in den Fängen hält.

Es gibt Beobachter-Bilder, die Harmlos-Menschliches festhalten. Zu ihnen gehören die »Brillenknupperer«. Die meisten Werke der kritischen Graphik lassen übrigens nicht an Studien nach der Natur denken. Der Weg vom Gesehenen zum Gestalteten ist länger. Manches verdichtet sich zur bestimmten »Figur«. Der Begriff Figur ist hier weit zu fassen. Es kann der Menschentypus sein oder eine Tiergattung, wie Schaf, Schwein und Affe, es kann aber auch eine Landschaftsformation (Abgrund, Schlucht, Hohlweg), es kann schließlich eine bestimmte Bewegung sein, wie das Dreieck des starren Marschschritts. Aus dem Vorrat der Figuren schöpft und kombiniert Weber immer wieder von neuem.

Die Verselbständigung einiger Typen und Figuren erinnert an die Helden in Fortsetzungserzählungen. Wir werden mit stets neuen Verhaltensweisen, Zügen und Eigenschaften bekannt gemacht. Manche Gestalten treten nur episodisch und selten auf, andere, wie Fuchs und Narr, sind ständig gegenwärtig. Sie beherrschen gleichsam die Szene, während andere die Nebenrollen übernehmen. Dieser epische Zug im Weberschen Werk ist kaum bemerkt worden. Weber illustriert nicht nur Erzählungen, er erzählt selbst. Die Chronik wird zum Märchen und das Märchen zur Chronik.

Die Ansicht, man müsse jedes Bild aus sich selbst heraus deuten, lesen und verstehen, muß man bei Weber bald aufgeben. Es ist eine wachsende und wuchernde Bildwelt, für die die Menge der Produktion nicht unwichtig ist. Über die Entwicklung dieser Bildwelt sind wir nur unvollständig unterrichtet,

36 Ausstellungsplakat Reykjavík

denn die Gemälde und die Handzeichnungen sind oft undatiert. Einen Anhaltspunkt bieten in manchen Fällen die Veröffentlichungsdaten, obwohl diese wiederum von den Entstehungsdaten weit entfernt sein können.

Einen weiteren Unsicherheitsfaktor, der gelegentlich zur Desorientierung führte, birgt die Tatsache in sich, daß Weber ältere Werke häufig rekonstruiert oder abgewandelt hat. Dagegen besitzen wir eine genaue Zeitangabe bei jenen Lithographien, die Weber im Stein datiert hat. Hier wäre es eine lohnende Aufgabe, eine Chronologie aller erreichbaren Werke zu erarbeiten.

Weber hat die eigene kritische Rolle wohl auch als Richter und Rächer gesehen. Dies erklärt seine eigene Vorliebe für das Kauz-Bild. Er bestimmte es für einen Bucheinband, verwandte es auf Prospekten und setzte es auf das Plakat jener Ausstellung, die 1977 in der isländischen Hauptstadt Reykjavik stattfand und deren Erfolg Weber ganz besonders wohltat. (36)

Weber hat sich, wie einst Daumier, wiederholt mit der Justiz und den Mängeln der Justiz befaßt. Ihm war bewußt, daß Rechtspflege Unabhängigkeit erfordert. Unabhängigkeit aber wiederum ist diejenige Eigenschaft, die die Mächte und Parteien den Bürgern zuallerletzt einräumen wollen. Sosehr die Freiheit eine Bedingung des gerechten Urteils ist, so schwer erscheint es in der Weberschen Welt, diese Freiheit zu erlangen und zu behalten. Weber malt die Unfreien, die Gefesselten, die Betrogenen, die Verführten und die Süchtigen. Alle diese sind fremdbestimmt. Die Bewahrung der Unabhängigkeit, so erfahren wir aus den Geschichten, die Weber zeichnet, ist schwierig.

Man könnte in dieser Hinsicht von Webers Pessimismus sprechen, der tatsächlich desillusionierend wirkt: Die Übermacht der Unvernunft, der Dummheit, der Masse, der Demagogien und Verführungen ist groß. Für Weber ist die Übermacht der Fremdbestimmung, in welcher Gestalt sie auch erscheinen mag, das Böse. Der Übermacht frontal beizukommen, hält er für ein aussichtsloses Unterfangen.

Der Schwächere verfügt, dies scheint eine Erfahrung zu sein, die sich in den Bildern niederschlägt, über zwei Mittel: über die Tarnung und über die List. Zur Tarnung dient die Narrenkappe, der Meister der List ist Reineke. (37, 38, 39)

37 Reineke Fuchs — Die Galgenrede

38 Reineke Fuchs — Die Galgenrede

39 Reineke und Bellyn

Nicht überall übernehmen Fuchs und Narr die Funktion des Selbstporträts, aber mit diesen beiden hält es der Künstler. Sie sind unter den Figuren des Schretstakener Meisters ausgezeichnet. (40)

Die Ausstrahlungskraft des Werkes A. Paul Webers steht außer Frage. Über Jahrzehnte hin fühlten sich die verschiedensten Geister durch seine künstlerische Arbeit angezogen. Ein Teil dieser Wirksamkeit spiegelt sich in Würdigungen und Kritiken, ein großer Teil der Wirkung blieb allerdings sprachlos. Insbesondere fällt auf, daß die Kunstgeschichtsschreibung nur in wenigen Fällen auf das Werk Webers einging.

Die verschiedenen »Seiten« Webers zu würdigen, scheint nicht schwierig zu sein. Es ist möglich, Weber nach Themenkreisen zu würdigen: den Tierzeichner, den Illustrator, vor allem aber den Zeitkritiker. Manche Teilgebiete — Bucheinbände, Exlibris, Verlagssignets, Plastiken, Möbel, Glasmalereien, die Werbegraphik und anderes mehr — warten noch auf Sichtung und Bearbeitung. Wie immer diese Einzelaufgaben im Laufe der Zeit auch bewältigt werden mögen, bei jeder Spezialuntersuchung steht doch eine Frage im Hintergrund, deren Beantwortung auszuweichen auf die Dauer unmöglich ist, die Frage nach dem Rang des Werkes als Ganzem. Handelt es sich bei diesem ausgedehnten und kaum überblickbaren Werk um eine wirkliche »Konfession« oder vielleicht nur um die Gesamtheit kunsthandwerklicher Gelegenheitsarbeiten und Reaktionen auf alle möglichen Begebenheiten und Zeitumstände? Eine solche, die Geschichte begleitende Zeichenarbeit wäre noch nichts Geringes, aber sie ließe die anhaltende Wirkung Webers, die nicht allein von dem jeweils Aktuellen ausgeht, unerklärt. So durfte sich Weber seiner Anhängerschaft auch dann noch sicher sein, als er längst Vergangenes zitierte oder von neuem gestaltete.

Das Wort Kritik ist ungenau. Weber ist eher Richter als Kritiker, oder besser: Er ist Richter und Beobachter. Richter ist er überall dort, wo er typische Verhaltensformen und überhaupt menschliche Typen meint; der Einzelne dagegen ist Gegenstand seiner Beobachtung und wird von ihm, was viele

40 Fuchs und Narr

Beispiele in der großen Folge der Schachspieler zeigen, zwar charakterisiert und gewürdigt, aber nicht abgeurteilt. Webers Verdikte treffen den Typus, nicht das Individuum. In diesem künstlerischen Gericht setzt sich vielmehr der Einzelne gegen kollektive Mächte, Tendenzen, Verirrungen und Mißbräuche zur Wehr. Dies gibt Weber, auch künstlerisch, die Legitimation, das Typische zu suchen und in immer neuen Variationen zu gestalten. Wo das Böse menschliche Gestalt annimmt, dort verkörpert es sich in einem Typ, etwa im Schieber, im Demagogen, im Karrieremenschen.

Was für das Böse und die Bösen gilt, das trifft auch für die Gegenspieler zu, die sich in einer Welt niederträchtiger Mächte einzurichten suchen und denen zuweilen ein Sieg über letztere gelingt. Das Leben in der Gestalt der Venus besiegt den Krieg in der Gestalt des Mars. In vielen Fällen aber unterliegen die Hungernden, Gefangenen, Gefolterten und Süchtigen. Meistens ist die überlegene Stärke ein Attribut des Bösen.

Das Böse begegnet uns jedoch nicht nur konzentriert in bestimmten Figuren, es tritt auch gleichsam diffus auf, aufgelöst in der Masse. Die Masse ist eine Figur, die Weber wie kein zweiter ins Bild setzt. In ihrer Übermacht ist sie stets böse, sie bedroht die Selbstbestimmung, die Würde und das Gewissen des Einzelnen. Sie zermalmt ihn, verhöhnt ihn, demütigt ihn und sucht ihn in jenen Schmutz herunterzuziehen, der ein Merkmal der Masse ist. Die Außenseite der Masse sind die Fratzen. Das entstellte, verzerrte menschliche Antlitz begegnet uns vereinzelt auch in Einzelstudien Webers. Die Schauplätze des Massen- und Fratzenhaften können durchaus verschiedener Art sein. Sie gehören zur Sphäre der Politik, der Religion und des Sports. Ausnahmsweise tritt die Masse freilich auch in einer Art von Ohnmacht auf, dort nämlich, wo sie selbst in Hilflosigkeit oder in Armut als anbrandende Flut der Hungernden erscheint.

41 Schloß und Park

Bild und Wort
Städtebilder
Malerischer Realismus

Nicht das Wort war Webers Ausdrucksmittel. »Selbst wenn er erzählte, war seine Sprache karg. Er schrieb keine Bücher und hielt keine Vorträge« (Hermann Kunst). Im kleinsten Kreise konnte er gesprächig sein, aber man hätte ihn sich nie als den Matador einer Podiumsdiskussion vorstellen können. Diskussionen hat er wiederholt dargestellt, und zwar ausnahmslos mit ätzendem Spott. Gegen gewandtes Reden war er mißtrauisch. Am meisten verabscheute er die Demagogie. Den Demagogen, ob er nun vor der Volksmenge oder im Parlament auftrat, haßte er.

Webers Verhalten jener Menge gegenüber, die sich entweder blenden ließ oder die vor der Macht kroch, ist schwerer zu deuten. In seiner Darstellung der Masse ist Verachtung im Spiel, doch zugleich auch eine beklemmende Furcht, die sich bis zum Entsetzen steigert. Der Einzelne, der dieser Masse ausgeliefert ist, wird niedergetrampelt, verhöhnt oder gehetzt. (42) Um so verwerflicher sind jene Volkstribunen, die die Masse entfesseln. Insoweit könnte man Weber einen Apologeten des Individualismus nennen, doch es ist kein Individualismus der »großen Männer«. (43)

Weber fühlte sich selten zu Kommentaren veranlaßt, auch dann nicht, wenn er angegriffen wurde. Daß ein Mann, der so unerbittlich mit seiner Zeit und mit seinen Zeitgenossen ins Gericht ging, selber das Ziel von Angriffen wurde, ist nicht erstaunlich. Aber Weber nahm in solchen Fällen nie selbst das Wort. Er verließ sich auf die Sprache seiner Bilder. So konnte es geschehen, daß diese einer Deutung überlassen blieben, zu der der Künstler selbst nicht Stellung nahm.

Das Verhältnis zwischen Bild und Wort im Werke Webers ist ein besonderes Thema. Obwohl sich der Künstler an den eigentlichen Kontroversen nicht beteiligte, hatte er doch fast überall eine enge Beziehung zum gesprochenen und geschriebenen Wort. Es ist charakteristisch für ihn, daß er sich — wie zum Beispiel in den »Kritischen Kalendern« — das Wort zum Bilde

42 Der Marschtritt

43 Der Krüppel

suchte. Die hierfür von ihm selbst gewählte Konzeption sah vor, daß in der Jahresfolge jedem Bild ein Text gegenübergestellt wurde. Die Auswahl dieser Texte war eine schwierige und zeitraubende Arbeit, bei der der Graphiker auch den Rat und die Hilfe von Freunden in Anspruch nahm. Den größten Teil aber fand er selbst, und hier spiegelt sich seine sehr ausgedehnte Lektüre wider, die neben klassischen oder fast klassischen Autoren stets auch aktuelle Schriften miteinbezog, gelegentlich Zeitschriften und die Tagespresse.

Wenn Weber mit zunehmendem Alter immer häufiger die Sorge um die Zukunft des Landes und des Volkes, der Welt und der Menschheit zum Thema seiner Bilder macht, so ist es aufschlußreich, in welchen Schriften und bei welchen Autoren er die eigenen Sorgen wiederfindet. Es ist nicht zu übersehen,

44

45 Jedem das Seine

daß Webers Neugierde gerade den opponierenden und den unruhigen Autoren gilt. Deutlich ist auch, daß der Kalendermacher die Texte mehr nach inhaltlichen als nach literarästhetischen Gesichtspunkten auswählt. Wer in den Kalendern eine Anthologie hochwertiger Prosa suchen sollte, der wird enttäuscht.

Weber kennt den Wert einer literarischen Kultur, er kennt aber auch die Literaturindustrie. Das stille Glück des Lesenden ist eines seiner Themen. Eine der schönsten Grimmelshausen-Illustrationen zeigt es. In der Gegenwart ist dieses Glück die Ausnahme, die sich der Listige verschafft, der dem Sog des Fernsehens widersteht. (44, 45) So kommen Buch und gedrucktes Wort immer wieder vor. Selbst die Boulevardpresse kommt ins Bild. Wie so oft bemüht Weber Wappentiere: für das Buch den Fuchs, für die Boulevardzeitung das Schwein.

Weber war kein Purist, er selbst hat sich aller Nachrichtenmittel bedient, auch des Rundfunks und des Fernsehens. Was er in seinem mehrfach variierten Bilde »Jedem das Seine!« verspottet, ist klar: das Verfallensein an die Röhre, die gedankenlose Sucht.

Ist es bei den »Kritischen Kalendern« Weber selbst, der die ausgewählten Texte in gewisser Hinsicht auch zu verantworten hat, so verhält es sich dort anders, wo Weber einen vorgegebenen Text illustriert. Natürlich verbleibt auch hier dem Künstler noch eine gewisse Entscheidungsfreiheit, wenn er die Stellen aussucht, die er illustriert. Sicher hat es eine Rolle gespielt, ob das Buch zum Künstler oder der Künstler zum Buch kam. Manche Bücher hat Weber nur aus Gründen des Broterwerbs illustriert. Dies ist der Fall bei einigen bescheidenen Jugendschriften, die nur deswegen in den Regalen der Sammler überlebt haben, weil Weber ihnen seine Zeichnungen mitgab. (46) Zu einigen Büchern hat es Weber aber hingezogen, zu manchen kehrte er immer wieder zurück.

Webers Kunst erschöpfte sich nie bloß in Bildern und gewiß nicht nur in Illustrationen. Nicht allein, daß der Künstler vielfältige Aufträge erhielt, Bücher auszustatten, es war ihm offenbar am liebsten, die gesamte Herstellung eines Druckwerks selbst zu machen. Ein Buch mit Weber-Bildern sollte ganz und gar auch ein Weber-Buch sein. In den späteren Jahren ist ihm dies in vielen Fällen gelungen (»Grimmelshausen«, »Reineke Fuchs«, »Münchhausen«, G. Anders »Der Blick vom Turm«). Das bedeutet freilich nicht, daß der Ausstattungskünstler bei der unvermeidlichen Zusammenarbeit mit Verlagsherstellern auch immer hätte zufriedengestellt werden können.

46

Ein besonders wichtiges Kapitel in dieser Künstlergeschichte ist die »Widerstands-Zeit«. Es mag erstaunen, daß der sehr eigenwillige und eigenständige Ernst Niekisch A. Paul Weber seit 1931 als Mitherausgeber an seiner Zeitschrift »Widerstand« beteiligt hat. Hier ist zu beachten, daß die äußere Gestaltung des »Widerstands« von Weber stammt. Weber hatte zuvor schon für die Druckerei Oscar Brandstetter in Leipzig gearbeitet, in der die Zeitschrift, die Broschüren und Bücher des Widerstands-Verlages erschienen. Hier hatte er nun Gelegenheit, die Ausstattung der Druckschriften zu bestimmen.

So hätte es denn wenig Sinn, Weber und Niekisch nachträglich voneinander zu trennen. Ihr Schicksal während des Dritten Reiches war verschieden. Zwar geriet Weber zusammen mit einem Teil der »Widerstands-Leute« 1937 in Haft. Glücklicherweise kam er im Gegensatz zu Niekisch nach kurzer Zeit wieder frei; nach dem Kriege trafen die Männer wieder zusammen, sie standen vor denselben Trümmern und vor demselben deutschen Problem, ihre Wirkungsstätten allerdings waren verschieden.

Es wäre eine Verkleinerung des Weberschen Anteils und der Weberschen Verantwortung, wenn man ihm nur die ästhetische Seite der Monatsschrift zurechnen wollte. Das Titelblatt mit den energischen Frakturlettern und dem »Widerstands-Symbol« war Webers Werk. Dasselbe gilt für die wiederkehrenden Kopfleisten. Ein Vergleich mit den frühen Heften, an deren Gestaltung Weber noch nicht beteiligt war, zeigt seinen Einfluß auch auf die Druckanordnung. Bei den späten »Widerstands-Heften« (ab Januar 1934) begegnet uns schließlich auch eine bemerkenswerte Neugestaltung des Umschlags: An die Stelle des »Widerstands-Symbols« ist nun ein Adler getreten, in den Fängen Schwert und Sichel, in Brusthöhe der Hammer. (47) Hammer und Sichel als Symbole des Widerstands in der Zeit des Hakenkreuzes... Eine Variante dieses Adlers findet sich im November-Heft von 1931. Hier ist der Adler mit zwei Schwertern bewaffnet, und Hammer und Sichel erscheinen in der vertrauten Anordnung auf Höhe des Brustschildes. (48)

47

48

Immer wieder drängt sich die Frage nach Webers Standpunkt auf. Es wurde ausgeführt, daß es einen Binnenbezirk in Webers Kunst gibt, in dem Anklage, Spott und Ironie verstummen. Landschaft, Tiere, Pflanzen, Menschen und Geschichte begegnen uns auf diesen Bildern in stiller Eindringlichkeit. Ist dies jene Ausflucht und Illusion, die das Schlagwort »heile Welt« bezeichnet? Weber hat hier seine »Mitte«. Manches mochte er mit denen, die wie Hans Sedlmayr den »Verlust der Mitte« beklagten, gemeinsam haben. Doch Weber meinte etwas anderes. Sedlmayr hat das christliche Abendland im Blick. Antike, Christentum, Herrschaft und Ordnung sind für ihn Träger jener großen Kunst, die mit dem 18. Jahrhundert endet. Sie scheinen für Sedlmayr so unbeschädigt, daß er sogar eine Restauration der Kunst im abendländischen Geiste für möglich hält.

Für den Jugendbewegten und Widerständler Weber ist der Anspruch der alten Mächte längst erloschen. Wo sie beschworen werden, dort argwöhnt er Heuchelei. Hinter dem Gesicht der überlebenden Institutionen verbergen sich Herrschsucht und Habsucht, Brutalität und Dekadenz. Die »heiligsten Güter« liegen für die Verteidiger des Abendlandes im Tresor oder im Geldsack. Die Ordnung ist heruntergekommen, die Anarchie des Profits und der Zynismus der Demagogen beherrschen ein Zeitalter der Verantwortungslosigkeit. In diesem Urteil über das Abendland stimmt Weber mit Niekisch überein. Die Institutionen, vor allem Kirche, Staat und Justiz, verdienen weder Achtung noch Vertrauen. (49) In der Krise eines Zeitalters, das in Webers Sicht durch keine Restauration mehr zu retten ist, zählt nur noch, was in Wahrheit wertvoll ist: Natur, Landschaft, das geschichtlich geprägte Gesicht der Dörfer und Städte und die einzelnen Menschen in ihrem einfachen Dasein.

Im Unterschied zu Niekisch entwickelt Weber keine eigenständige politische Theorie, obwohl viele politische Gedanken des Kreises in seine Werke Eingang finden. Man vergißt immer wieder, daß Weber kein politischer Programmatiker sein wollte und konnte. Wer die Bilder aufmerksam betrachtet, dort, wo Weber freundlich war, und dort, wo er meinte, nicht mehr freundlich sein zu können, dem entgeht nicht, was der Künstler achtete. Wie dies verteidigt und bewahrt werden

49

könne, das sagt er nicht. Er stimmte, nicht zuletzt durch die Wahl seiner Schriften, Gedanken zu, die sich gegen Ausplünderung, Ausbeutung, Natur- und Städteverwüstung wenden. So stark ihn aber auch die Gedanken verwandter Geister angezogen haben, die Einheit in seinem Werk stellt er selbst her mit den Mitteln der Kunst.

Eine der unbezweifelten Gestalten in Webers Geschichtswelt ist Friedrich der Große. (50, 51) Der sich aus dem Sarge erhebende Friedrich droht den nachfolgenden Lenkern der deutschen Geschichte: Bismarck, Wilhelm II. und Hitler. Auffällig ist, daß auch der von Weber sonst günstiger dargestellte Bismarck in diese Reihe gerät. Selbst dort, wo das politische Schachspiel über die Teilung Polens entscheidet, wird Friedrichs Größe nicht in Zweifel gezogen. Für Niekisch wie für Weber bedeutet das friderizianische Preußen eine Haltung. Nicht das historische und am allerwenigsten ein bismarckisches oder gar ein wilhelminisches Preußen hat Weber im Sinn, sondern ein Preußen der Redlichkeit, der Einfachheit und der Kargheit.

In den Mittelbezirk gehören auch die Architektur- und Städtebilder. (52, 53, 54) Eine ganze Folge malte Weber in den dreißiger Jahren für eine Jugendherberge in Nordschleswig. Dem Zweck entsprechend, sind es Bilder aus den Grenz- und Randgebieten des Reiches. Der Begriff des Reiches ist eher historisch als politisch zu verstehen. Gemeint ist das Heilige Römische Reich Deutscher Nation, wenn man denn überhaupt einen Umriß zeichnen will. Das politische Programm, das der Wahl der Bildthemen vielleicht zugrunde gelegen hat, wird nicht deutlich erkennbar. Einerseits beschwören die Bilder die

51

alte Kultureinheit, von der die »Preußen« des »Widerstands-Kreises« wenig hielten, andererseits zeigen sie die frischen Wunden in den gerade verlorenen Städten und Gebieten. Das alte Reich ist mit Ansichten von Prag, Luxemburg

50

52 Köln

53 Augsburg

54 Chilehaus in Hamburg

und Brügge vertreten, während für das Zweite Kaiserreich Städte und Regionen wie Straßburg, Malmedy, Thorn, Tondern (55, 56), Danzig und das Memelland stehen. Es ist schwer zu sagen, welchen Einfluß der Künstler bei der Aufstellung des Programms hatte. Wahrscheinlich waren verschiedene Vorstellungen im Spiel. Für A. Paul Weber war dies eine ungewohnte Aufgabe.

Weber wählte seine Ansichten so, daß überall dort, wo es ihm möglich erschien, die Architektur der Altstädte im Vordergrund der Komposition steht. Das mittelalterliche Stadtbild herrscht vor, aber es gibt auch Ausnahmen. Das Rathaus von Thorn mit seinem starken Eckturm steht wie eine Burg im Bilde; er ragt in einen betont modellierten Himmel auf, obwohl die tatsächliche Plazierung in der modernen Stadt nicht kaschiert wird. (75) Man könnte meinen, daß dies eine Zufallsansicht sei, vielleicht angeregt durch eine Photographie. Doch Webers Wahl ist nicht untypisch, zeigt sie doch seine Neigung zum starken, beherrschenden Gebäude.

Auch in Danzig hätte Weber vielfältige Auswahl gehabt. (76) Die Stadt ist reich an architektonischen Zeugnissen ihrer großen Vergangenheit: Zeughaus und Stockturm, Rathaus und Artushof, die Tore und Wälle, der Blick über die an charakteristischen Türmen so reiche Hansestadt boten malerische Möglichkeiten in Fülle. Weber wählt für sein Vorhaben einen Abschnitt der Langen Brücke an der Mottlau. Über dem leuchtenden Wasser steht das mächtige Krantor. Die Häuser im Vordergrund überragen das rote Backsteinmassiv der Marienkirche. Dieses Bild ist in der Geschichte des Sehens und Gestaltens alles andere als revolutionär. Es ist ein leicht lesbares und verstehbares Bild, wie absichtlich einprägsam.

Bei den Städtebildern konnte Weber seiner Neigung zum Spiel mit Formen und Bauten nicht nachgeben. Er durfte nichts erfinden, ihm blieb nur die Auswahl. In Siebenbürgen eine Kirchenburg ins Bild zu

55 Malmedy
56 Tondern

bringen, lag nahe. (57) Doch der befestigte Platz ist ein Thema, auf das Weber in einem viel wichtigeren Bild später zurückkommt.

Die in Öl gemalten Städteansichten Webers bieten fast alle etwas ausgesprochen Einprägsames. In ihrer farbigen Übersichtlichkeit besitzen sie einen Illustrationscharakter, eine lehrhafte Sachlichkeit, so daß man sie erst an zweiter Stelle als Kunstwerke empfindet. Ein gutes Beispiel für diese Sachlichkeit ist das Straßburg-Bild. (58) Über den Dächern der Altstadt erhebt sich in seinen unverkennbaren Konturen das sandsteinfarbene Münster.

Soweit man sehen kann, fühlte Weber sich nicht dazu getrieben, die Städte, die er in seinen Bilderzyklus einreihte, wiederholt zu porträtieren. Dies ist ungewöhnlich, denn zumeist kehrt er zu den einmal gestalteten Motiven später wieder zurück. Mehrere Elemente der Städtebilder haben allerdings einen festen Platz in seinem Formenreservoir. Dies gilt insbesondere für den Blick über die ungeordnete Vielfalt der Hausdächer. Es mag auffällig sein, daß Weber alle ausgesprochen modernen Bauwerke meidet, die den Eindruck des Mittelalterlichen und Gewachsenen stören könnten. (41) Doch dies trifft, im ganzen gesehen, für fast alle seine »positiven«, das heißt nicht-kritischen Architekturbilder zu.

Ein anderer Punkt betrifft seine besondere Technik, das unübersehbar Massenhafte darzustellen. Auch bei den Dächern löst er die unabzählbare Vielfalt nicht in Unbestimmtheit auf. Er nutzt weder impressive noch expressive Mittel, um die Masse der Dächer zu verschmelzen. Die Einzelheiten behalten ihre Sichtbarkeit, aber trotzdem ist es nicht zeichnerische Pedanterie, die ihm die Hand geführt hat. Die Vielfalt hat ihren Sinn im Bilde. Sie ist der Gegenpol zur gesicht- und gestaltlosen Betonarchitektur. Licht und Farbe haben einen starken Anteil, aber es ist wiederum eine charakteristisch Webersche

57 Kirchenburg in Siebenbürgen
58 Straßburg

Farbgebung, die diese Bilder miteinander verwandt sein läßt. Obwohl sie sich in vieler Hinsicht von Webers graphischen Schöpfungen unterscheiden, sind sie, unabhängig von jeder Signatur, sofort dem Künstler zuzuordnen. Wie immer über die ästhetische Qualität dieser Werke geurteilt werden mag, die künstlerische Eigentümlichkeit ist ihnen kaum zu bestreiten.

Dies ist eine Gegebenheit, mit der man in Webers Werk auch sonst rechnen muß: Wo immer man in der Geschichte der Kunst Vorbilder für Weber finden mag, eine Nachfolge, wie sie beispielsweise den gehorsamen Epigonen oder auch den seinen Meister übertreffenden Vollender kennzeichnet, läßt sich bei Weber nicht nachweisen.

Weber hat bis zuletzt der Ölmalerei in seiner Arbeit stets einen Platz eingeräumt. Die Tatsache, daß er mehrere Bilder unfertig gelassen hat (wie das Dreierselbstporträt), will wenig besagen. (96) In der Fülle seiner Produktion blieb manches unvollendet. Einige unter den Ölbildern betrachtete Weber ganz ausdrücklich als »Broterwerb« und legte wenig Wert auf sie. Aber mindestens diejenigen Bilder, die er im Weber-Haus ausstellen ließ, besaßen seine ausdrückliche Zustimmung.

Bei Städteansichten liegt es nahe, die Komposition durch einen beherrschenden Mittelpunkt zu bestimmen. Ganz deutlich zeigt dies das Straßburg-Bild. Auch Wien ist ähnlich behandelt. (74) Nur daß der Dom, nach links aus der Mitte gerückt, als einem zweiten Akzent der Kuppel Raum läßt. Übrigens schneidet der Bildrahmen die Turmspitze und die Wolkenkonturen.

Eine Zentralkomposition hat auch das Thorn-Bild. Das Ergebnis erinnert an eine möglichst vorteilhafte Präsentation eines Verwaltungsgebäudes, wie man sie in Stadt- und Industrieprospekten der Zeit häufiger findet. Die Farben heben diesen Prospektcharakter jedoch wieder auf: Eine Reihe von Rot-Tönungen, mit dem Ziegeldach links beginnend, über das Ziegeldach rechts bis hin zum Baukörper und zum Dach des Rathauses, stehen in scharfem Kontrast zum unwirklich tiefen Blau des Himmels. Auch hier scheint ein zu knapper Schnitt bei der Turmspitze und bei den Wolken erfolgt zu sein.

Wie im Thorn-Bild, wo der starkfarbige Wolkenhimmel dem Stadtausschnitt seine eigentümliche und etwas irreale Beleuchtung gibt, so ist der Himmel auch sonst ein bevorzugter Gegenstand der Weberschen Bildkunst. Das zeigen die beiden Bilder »Hoyerkanal« und »Gjenerbucht bei Barsö«, die, hochformatig mit waagerechten Horizonten angelegt, drei Viertel der Bildfläche dem Himmel überlassen. (81) Dieser ist licht, sonnig und im Gegensatz zum Thorn-Bild in beiden Fällen »realistisch« behandelt. Neben dem durch Wolken belebten heiteren Himmel kommt auch das unbewölkte Himmelsblau vor, dem im Danziger Bild die Oberflächenspiegelung des Wassers im Vordergrund entspricht. Die Variationen bei der Darstellung des Himmels könnte man auf sich beruhen lassen, wenn der Himmel ein untergeordnetes Bildelement wäre. Doch gerade in der ganz und gar diesseitigen Welt Webers ist der Himmel bedeutungsschwer. Der düstere Himmel kündigt Unheil an.

Ähnlich wie bei den Porträts, von denen später die Rede sein wird, muß man auch bei den Landschafts- und Städtebildern beachten, daß der Künstler seinen Gegenstand findet und nicht erfindet. Jedoch sind Ausschnitt und Sichtweise sein Werk und damit auch die Komposition, die Gliederung, der Aufbau des Bildes. Gerade im Hinblick auf das letztere folgt der Künstler keinem Schema. Vielleicht hätte er sich an der klassischen Vedutentradition orientieren können, aber dafür gibt es keine Anhaltspunkte. Die wechselnde Sichtweise wirkt wie zufällig. In kompositioneller Hinsicht sind die Gegensätze denkbar groß.

Während das Danzig-Bild die Gegend um Lange Brücke und Jopengasse eng zusammenzieht und dem Blick wenig Raum in die Tiefe freigibt, sieht man vom Himmel und von einer Andeutung der stadtnahen Höhe ab, verhält es sich bei dem Prag-Gemälde ganz anders. (73) Das Auge hat einen weiten Weg über die blinkende Oberfläche der Moldau zurückzulegen, ehe es das Ufer und darüber den Hradschin mit dem Veitsdom erreicht. Fluß, Brücke, das Grün der Uferbäume, darüber das gewaltige Massiv der Burg, gekrönt vom Dom, die nach links ausschwingenden Höhen — dies alles bildet eine großzügige Einheit. Boote im Vordergrund sind Staffage und Stütze zugleich.

Ein ähnliches Mittel gebraucht Weber zwar auch bei Danzig. Hier gibt im Vordergrund ein Speicher zusammen mit Steg und Dalben einen gewissen Halt, aber der Gesamteindruck bleibt doch eng. Der Standpunkt, von dem aus der Maler das Viertel an der Langen Brücke ins Bild nimmt, ist die Speicherinsel. Fast ist es mehr ein Krantor- als ein Danzig-Bild. Das Krantor, das die hanseatische Vergangenheit der Stadt verkörpert, drängt die Marienkirche, dieses bei weitem gewaltigere Bauwerk, in den Hintergrund. Die Bedeutung von Kran und Speicher, Landungsbrücke und Ladenzeile lassen Danzig vornehmlich als Handelsstadt erscheinen. Ungleich größer und großzügiger wirkt die Prager Burg. Obwohl sie an den Horizont gerückt ist, geht ihre Strahlung ins Weite. Sie ragt mit der Kathedrale in den Himmel und reicht auf Grund der Wasserspiegelung bis in den Vordergrund des Bildes.

Das bildbestimmende und bildgliedernde Mittel der Wasserspiegelung wendet Weber auch in einem anderen Grenzland-Bild an. Die Segel der Fischerboote auf dem Memelland-Bild überragen nach oben die Dünen der Kurischen Nehrung, während sie sich bis zum unteren Bildrand hin in der Wasseroberfläche widerspiegeln. (80) Obwohl Weber in diesem Fall sich einer anderen Farbskala bedient und Rottöne die Boote und Dächer, Segel und Spiegelungen, den Himmel, das Wasser und die Dünen färben, sind auch hier die gedämpften Lichtwerte charakteristisch für die ruhige Stimmung des Bildes.

In dieser Richtung ist die Eigenart der Weberschen Ölmalerei zu vermuten. Wenn er sich bei den Landschafts- und Städtebildern und den vielfältigen Porträts auch an die Wirklichkeit halten muß, so taucht er doch alles in eine unverkennbare Weber-Färbung. (60)

59

Man ginge übrigens fehl, wenn man annähme, daß die Farben für den Künstler, der vorwiegend in Schwarzweiß- oder in verwandten Helldunkel-Tönungen zu arbeiten gewohnt war, eine nachträgliche Zutat bedeuteten. Weber hat allerdings, besonders in seinen späteren Jahren, Lithographien mit der Hand koloriert. Hier wurde die Farbe tatsächlich hinzugefügt. Mancher Betrachter hat denn auch, stand er vor der Wahl, der unkolorierten Version den Vorzug gegeben. Die Farbnuancen in Webers kolorierten Lithographien sind wenig differenziert. Jedenfalls verändern sie den oftmals stark malerischen Effekt der vom Helldunkel-Gegensatz lebenden Lithographie beträchtlich.

Durch die nachträgliche Kolorierung erhielten die Schwarzweiß-Bilder jedenfalls eine eigenartige Wirkung, die sie in die Nähe von Bilderbogendrucken oder Guckkastenansichten bringt. Innerhalb der Graphik ist dies eine Variation, mit der Weber nicht ungern spielt, um so gleichsam eine weitere Wirkungsdimension der Lithographien oder der Zeichnungen auszupro-

60

bieren. Zur vorherrschenden Produktionsweise hat sich diese Bildform bei Weber gleichwohl nicht entwickelt.

Es gehört zu den Besonderheiten Webers, daß er eigentlich ein malender Zeichner ist. Seine Zeichnungen werden nicht durch den Umriß, sondern durch den wechselnden Druck der Feder, des Pinsels oder des Stiftes bestimmt. Dieser Umstand erschwert den Versuch, freie Flächen mit Farbe zu füllen.

Bei allen durch Themen und Techniken sich aufdrängenden Vergleichen mit älteren oder zeitgenössischen Künstlern muß man sehr wohl bedenken, daß Weber in dieser stark malerisch geprägten Zeichenweise seine eigenste Form gefunden hat. Das gilt übrigens nicht nur für die großen und reichdifferenzierten Blätter nach der Art des »letzten Privatiers«, es gilt auch für kleine und beiläufige Zeichnungen und Skizzen wie auch für die selteneren Fälle »einfacherer« Lithographien nach Art der »Hammerschläge« und der »Trinkerin«. (61)

Diese Überlegungen sind nicht überflüssig, will man die Eigenart seines malerischen Werkes im engeren Sinn, also die Ölbilder, würdigen. Im Gegensatz zu Künstlern, für die die Zeichnung in allen Werken bestimmend blieb (Beispiel: Carl Larsson), hat Weber seine Gemälde nie von Umriß und Linie beherrschen lassen. Nicht, daß die Konturen undeutlich würden; dies ist auch im graphischen Werk nicht der Fall. Die Gegenstände sind faßbar und umfaßbar, werden jedoch nicht durch Linien oder gar durch eine Vorzeichnung bestimmt. (62) Diese Beobachtung trifft übrigens auch dort zu, wo Weber ein graphisches Motiv im Ölbild wiederaufnimmt. Beispiele hierfür sind das »Publikum« und die »Stierkampfarena«. (78)

Besonders eindrucksvoll ist in dieser Hinsicht das ganz aus seinen Farben heraus gebildete »Stilleben mit Katze«. (63, 85) Hier ist alles Farbe und nichts Zeichnung. Dem grellen Blau des Holzsessels entsprechen die leuchtenden und schnell gemalten roten Blumen. Fußboden und Hintergrund sind in aufgehellten Pastelltönen gehalten. Dieses Bild, in das man gewiß keine Bedeutungsschwere hineinlesen

61 Der letzte Privatier

62 Europa und der Stier

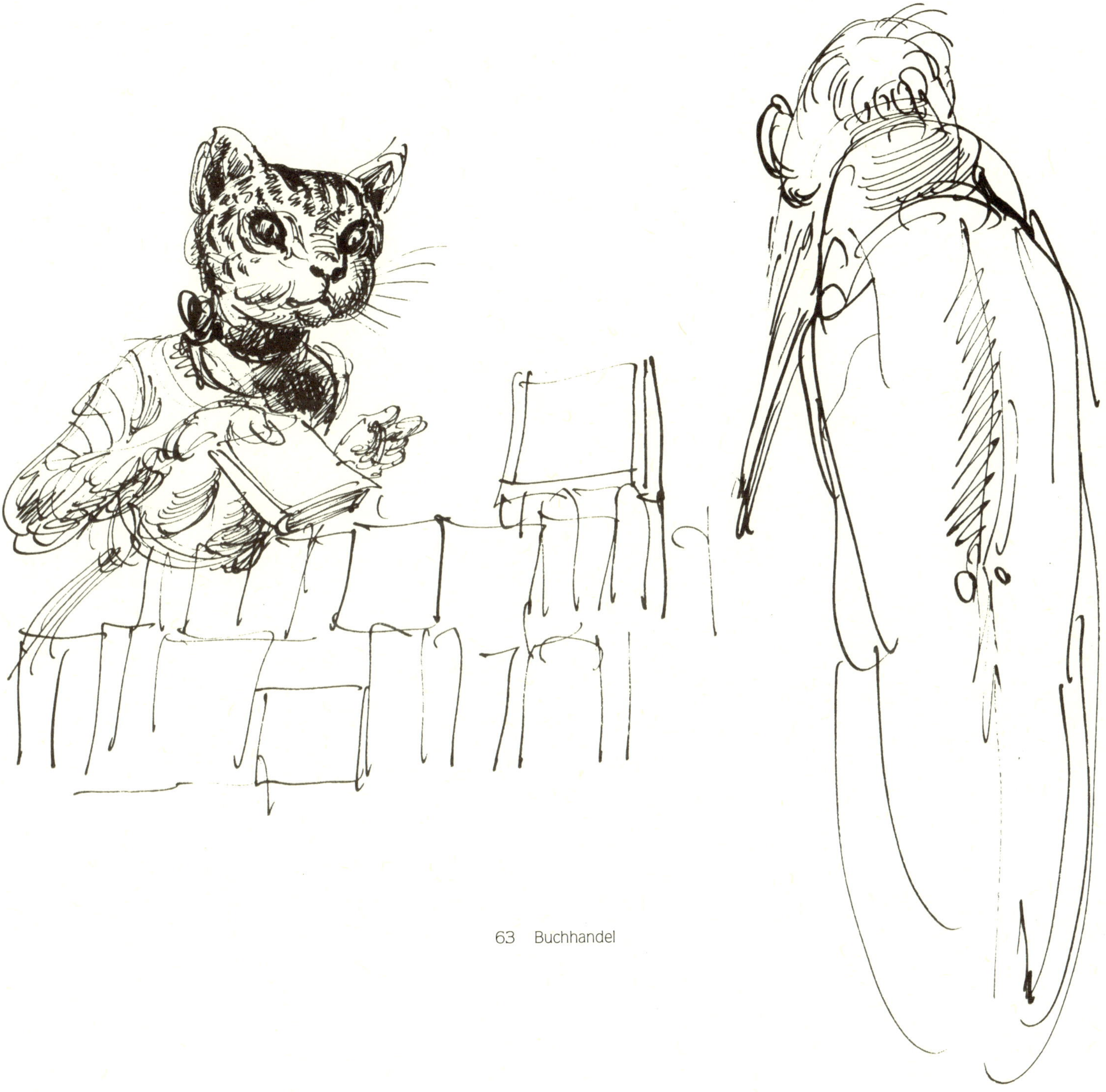

63 Buchhandel

sollte, vermittelt einiges von der Stimmung in jenem Atelier, in dem so viele apokalyptische Bilder entstanden sind. Die Zusammenstellung des Stillebens ist ausgesprochen sorglos; die Blüten wirken übermäßig groß, sie kommen nicht einmal mit dem Bildraum aus, die Blau-Rot-Kombination streift in ihrer Unbekümmertheit das Naive. Zeigte der Farbauftrag nicht die Sicherheit des rastlosen Künstlers, man könnte gerade bei diesem Bild an der Autorschaft zweifeln. Doch allein die Katze verrät die Handschrift Webers.

64

Weber hatte eine besondere Freude daran, Bücher zu gestalten. Seine Einbände und Umschläge bilden einen beachtlichen Teil seines Werkes. Je mehr Freiheit ihm eingeräumt wurde, desto gelungener und eindrucksvoller sind die Früchte seiner Arbeit. Webers Intention ging dahin, die von ihm betreuten Druckwerke in allen Einzelheiten zu prägen, unter Einschluß des Formats, der Type und des Papiers. Handwerklich war er in jeder Hinsicht Fachmann. Bei seiner Arbeitsweise überstürzte er nichts und überließ so wenig wie möglich dem Zufall — oder anderen. Den stärksten Einfluß als Buchkünstler hat er vermutlich in Niekischs Widerstands-Verlag besessen. Ein besonders gutes Beispiel dafür ist das Buch von Giuseppe Prezzolini »Das Leben Nicolò Machiavellis« (1929), für dessen Gesamtausstattung Weber verantwortlich zeichnete. (64) Das bedruckte Überzugspapier des Halbleinenbandes zeigt in einer treppenartigen Folge von Ornamenten das Signet des Widerstands-Verlags. Die Einbandgestaltung von Wilhelm Stapels »Literatenwäsche« (1930) ist ähnlich. Die Typographie und der Illustrationsstil der beiden Bücher unterscheiden sich freilich grundlegend voneinander.

65 Alfred Kerr und Thomas Mann

Während das Buch über den großen Italiener in einer Antiquaschrift gesetzt ist, hat Weber für den streitbaren Text Stapels eine schöne Fraktur ausgewählt. Die »Literatenwäsche« illustrierte Weber mit Federzeichnungen, die dem Text an Aggressivität kaum nachstehen. Reizvoll ist die Behandlung der Literaturprominenz der Republik; hier finden wir Karikaturen von Thomas Mann, Gerhart Hauptmann, Alfred Kerr und Kurt Tucholsky. (65, 66) Offensichtlich hat Weber die »Wäsche« mit Lust und Laune mitgewaschen. Einer der Betroffenen, Tucholsky, habe sich, so erzählte Weber, ob dieser Spottzeichnung amüsiert gezeigt.

Ein strenger Stil beherrscht die Bildbeigaben zu Prezzolini. Beachtenswert sind die Bildinitialen. (67, 68) Eine besonders schöne Buchausstattung gelang Weber auch im Falle der »Zwölf Bücher Preußischer Geschichte« von Leopold von Ranke (1929). Die vier stattlichen Bände mit rotem Schnitt sind in schwarzes Halbleder gebunden und mit goldener Rücken- und Titelprägung versehen; die Mitte der Einbanddecke ziert ein stilisierter Adler im Schild. (69) Diese und andere Bücher wurden in Leipzig bei Oscar Brandstetter gedruckt.

Weber verwandte auf die Ausstattung und auf die Verbesserung periodisch erscheinender Druck-

67

68

66

69 Leopold v. Ranke, Zwölf Bücher Preußischer Geschichte

schriften besondere Mühe. Der »Widerstand« war inhaltlich und gedanklich das wichtigste Sprachrohr Niekischs. Die Zeitschrift wurde wegen ihrer Aktualität stärker beachtet als die Bücher. Es wurde schon erwähnt, daß Weber beim »Widerstand« bis zu dessen Verbot als verantwortlicher Herausgeber neben Ernst Niekisch tätig war. Nicht eben selbstverständlich ist allerdings die Tatsache, daß politische Kampfschriften in einem bibliophilen Gewande erschienen. Neben den Titeln, die wir bereits nannten, finden sich Bücher und Broschüren verschiedener Autoren des »Widerstands-Kreises«. Außer Wilhelm Stapel sind die Schriften von Hjalmar Kutzleb, Otto Petras, Wilhelm Solger, August Winnig, vor allem aber Friedrich Georg Jüngers »Gedichte« (1934) zu erwähnen, für die Thomas Mann in seinem Schweizer Exil einen überraschten Respekt bekundete: »Las in klassizistischen Gedichten eines F. G. Jünger, die Bermann geschickt hatte, erschienen im ›Widerstandsverlag‹ (!)

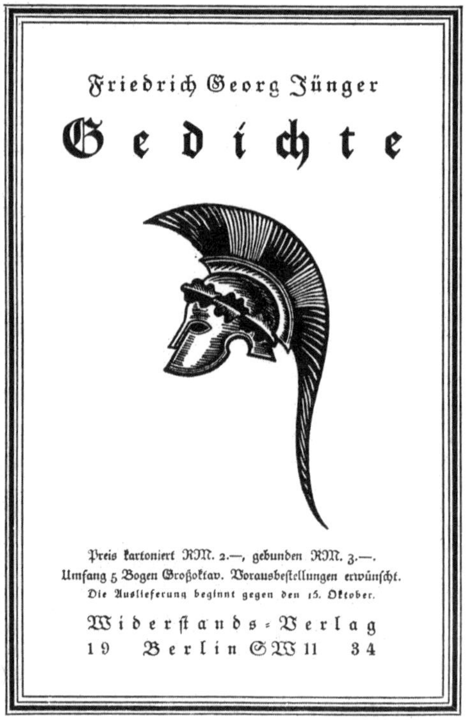
Friedrich Georg Jünger

Gedichte

Preis kartoniert RM. 2.—, gebunden RM. 3.—.
Umfang 5 Bogen Großoktav. Vorausbestellungen erwünscht.
Die Auslieferung beginnt gegen den 15. Oktober.

Widerstands-Verlag
19 Berlin SW 11 34

70

Berlin, darin ein Stück ›Der Mohn‹, von fabelhafter Aggressivität gegen die Machthaber, das ich [...] zu allgemeinem Erstaunen vorlas« (Tagebücher, 30.11.1934). (70)
Das Rückgrat der »Widerstands-Bewegung« bildeten Niekischs eigene Bücher: »Politik und Idee« (1929), »Entscheidung« (1930) und nicht zuletzt das von Niekisch in der Zeit der Tyrannis veröffentlichte, wenn auch kaum noch verbreitete Werk »Die dritte imperiale Figur« (1935), ein wahrhaft erregendes Buch, das Weber ausstattete und dem ein Bild des Verfassers nach einem Gemälde Webers beigegeben wurde.

71 Rotbuche bei Schretstaken (1946)

72 Der Student (um 1931)

73 Prag (um 1931)

74 Wien mit St. Stephan (um 1931)

75 Thorn, Rathaus (um 1931)

76 Danzig, Krantor (um 1931)

77 Porno (um 1970)

78 Publikum (um 1970)

79 Ernst Niekisch (um 1966)

80 Memelland (um 1931)

81 Hoyerkanal in Nordschleswig (um 1931)

82 Industriegebiet in Oberschlesien (um 1931)

83 Hermann Ruprecht, Redakteur und Verleger (um 1928/29)

84 Schreinermeister Hestermann (1936)

85 Stilleben mit Katze (1978)

86 Eselreiter

87 Pastor Johannes Schmidt-Wodder (1931)

88 Hans Schmidt-Gorsblock (um 1930–1936)
89 Garten und Haus von Gorsblock (um 1933)

90 Der alte Schimmel (um 1956/57)

91 Hofecke Gorsblock (1937)

92 Ernst Jünger auf dem Brümmerhof (um 1935)

93 Ernst Jünger in Goslar (um 1936)

94 Christian Weber (1941)

95 Toni Weber (um 1925)

96 Dreimal APW (um 1965–1970)

»Widerstand« – Nationalsozialismus
Ost-West-Frage
Niekisch und Weber

Niekisch beachtete die Warnungen seiner Freunde nicht. Zwei Jahre, nachdem das Buch »Die dritte imperiale Figur« erschienen war, zerschlug die Geheime Staatspolizei den »Widerstands-Kreis«. Der Volksgerichtshof unter dem Vorsitz Otto Georg Thieracks verurteilte Niekisch am 10. Januar 1939 »wegen Vorbereitung zum Hochverrat und Verbrechens gegen § 2 des Gesetzes gegen die Neubildung von Parteien« zu lebenslangem Zuchthaus und zum dauernden Verlust der bürgerlichen Ehrenrechte. Niekischs Haft dauerte von 1937 bis 1945 acht schwere Jahre. Der Ermordung in einem Konzentrationslager entging er nur knapp, aber seine Gesundheit wurde gründlich erschüttert. Weber, 1937 gleichfalls in Haft genommen, kam nach einigen Monaten wieder frei. Die Gründe für seine Freilassung sind nicht bekannt. Wie er berichtete, wurde er von einem bestimmten Zeitpunkt an in Nürnberg, seinem dritten Haftort, korrekter behandelt. Er erhielt sogar die Erlaubnis zu zeichnen. Hier entstanden erste Illustrationen zur Gudrun-Sage und die Zeichnung »Wegweiser«, die die Grundlage für die später entstandene Lithographie bildete. (97, 98, 99) Nach Webers Bericht war die schwankende Haltung eines Mithäftlings die erste Anregung für das merkwürdige und vieldeutige Gebilde, das in vielfältiger Hinsicht ein Gleichnis der Haltlosigkeit ist.

Das Volksgerichtshofurteil läßt den »Widerstands-Kreis« als einen politischen Geheimbund mit konkreten Umsturzzielen erscheinen. In Wirklichkeit handelte es sich dabei um einige Debattierzirkel, zum Beispiel in Nürnberg und in Berlin, um gelegentliche Treffen unter Freunden, die zwar Gegner des Dritten Reiches waren, im übrigen aber ihre eigenen und oft sehr eigenwilligen politischen und ideologischen Vorstellungen hatten. Selbst über die Organisationsform bestanden Meinungsunterschiede. Unter den Teilnehmern gab es Organisationsenthusiasten. Bei manchen war es auch das Bedürfnis, die Kamerad-

97 Der Wegweiser

98

schaft der Kriegs- und Freikorpszeit fortzusetzen. (100) Hinzu kam nach 1933 die begründete Furcht vor den nationalsozialistischen Behörden, die schon bald nach der Machtübernahme Haussuchungen bei »Widerstands-Autoren« durchführten. Einige im Kreise um Ernst Niekisch verhielten sich spröde gegenüber allen Organisationsversuchen. Zu ihnen gehörten die Brüder Jünger und wohl auch Weber. Als der Kunstmaler besaß er ohnedies einen Sonderstatus. Oft genug hat er zudem die Organisatoren und Organisierten verspottet.

In einem Punkt tat das Urteil, von seiner barbarischen Härte abgesehen, dem Tatbestand nach Niekisch Unrecht: Von konkreten Umsturzplänen war nie die Rede. Es gab, solange die Zeitschrift und der Verlag existierten, keinen aktiven, sondern nur einen geistigen Widerstand gegen das Dritte Reich. Dieser war den Nationalsozialisten begreiflicherweise besonders unerwünscht,

99

zumal er von national gesonnenen Männern getragen wurde.

A. Paul Weber sah sich durch die brutale Zerschlagung der Zeitschrift, des Verlags und schließlich der ganzen Gruppe nicht nur in seiner persönlichen Sicherheit bedroht, er verlor auch eine Welt der Anregung, des Austauschs und nicht zuletzt die Anerkennung seiner Arbeit. Die Schriften, die im Widerstands-Verlag erschienen und für die seitens der Zeitschrift geworben wurde, waren in ihrem literarischen und geistigen Niveau unterschiedlich. Weber versah das Buch des Flamen August Borms »Zehn Jahre im belgischen Kerker« (1930) mit Rötelzeichnungen. Am beachtlichsten sind zwei Porträts des Verfassers. Dieser war 1919 von einem belgischen Gericht wegen seiner Zusammenarbeit mit den Deutschen zum Tode verurteilt und später begnadigt worden. Die Thematik paßte also in Niekischs antiwestliche

100

Richtung. Eine andere Seite des Niekisch-Kreises repräsentiert Otto Petras' Broschüre »Der deutsche Protestantismus auf dem Wege nach Rom 1530–1930« (1930). Der temperamentvolle Vertreter einer deutschtümelnden Gefühlstheologie steht der »deutschen Gotterkenntnis« Erich Ludendorffs nahe. Das Pamphlet ist eines unter vielen dieser Zeit.

Doch nicht diese Gelegenheitsautoren waren für Weber wirklich wichtig. Niekisch selbst war Webers großer Anreger. Sebastian Haffner rühmt Niekisch nach: »Er schrieb ein Kleistisches Deutsch, vielleicht das großartigste Deutsch, das in diesem Jahrhundert geschrieben worden ist.« Die Schriften, die Niekisch in der »Widerstands-Zeit« verfaßte, die Bücher, Aufsätze, Glossen, Rezensionen haben Weber nachhaltig beeindruckt und bewegt. Während Weber zum Verträumten, Hintergründigen und Phantastischen neigte, war hier Wachheit, Spannung, Witz und Schlagkraft. Weber reagierte nicht immer unmittelbar, aber die Saiten, die Niekisch angeschlagen hatte, klangen bis ins Spätwerk nach.

Niekisch hat für seinen Kreis, für seine Zeitschrift und für seinen Verlag mit einem kurzen Text geworben, der die Frage nach den Absichten des Kreises kurz und eindringlich beantwortet: »Was will der ›Widerstand‹? — Widerstand ist es, den willenslähmenden und willensbrechenden Ausstrahlungen des machtpolitischen Übergewichts unseres Gegners Abwehr entgegenzusetzen, die augenblickliche Machtkonstellation nicht als endgültig zu behandeln, im zeitweiligen Zustand nur etwas Vorübergehendes zu erblicken, den Glauben an neuen machtpolitischen Aufstieg Deutschlands zu bewahren. [...] Den Widerstandswillen eines Volkes anfeuern heißt: es zu höchsten Anstrengungen zum Zwecke seiner Selbsterhaltung aufzurufen. Kein Volk hat es heute nötiger als das deutsche, daß es sich zu den höchsten Anstrengungen ermannt; nationaler Untergang ist ihm näher gerückt als sonst irgendeinem Volke. Die Flamme des deutschen Widerstandswillens zu hüten: das ist die Aufgabe des ›Widerstand‹.« Ein wesentliches und möglicherweise das am stärksten kritisierte Element dieser politischen Orientierung war die Forderung, ein neues Tauroggen anzustreben — ein Bündnis mit Rußland, auch und gerade mit dem bolschewistischen Rußland, mit dem Rußland Lenins und Stalins. Dies war für das Bürgertum provozierend; bewußt provozierend wirkte ferner, daß Niekisch lieber von Bolschewismus als von Kommunismus sprach, wohl wissend, daß er gerade damit ein Schrekkenswort gewählt hatte. Ziel des

101 Blutende Grenze

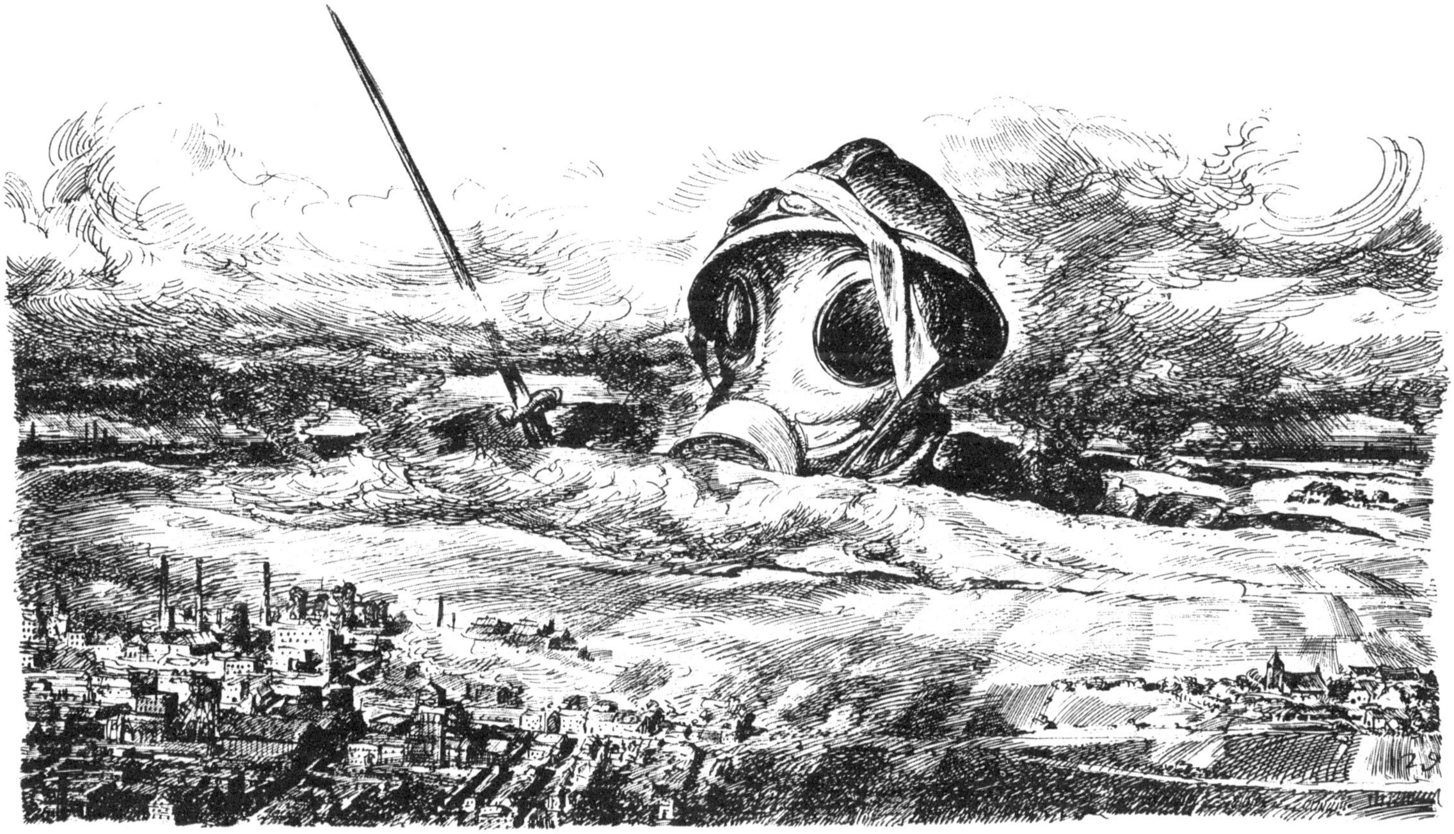

102 Ist es Schatten? ist's Wirklichkeit?

empfohlenen Bündnisses zwischen Deutschen und Russen sollte es sein, die durch Versailles erzwungene Deklassierung Deutschlands zu überwinden. (101) Für Niekisch war dies kein politischer Schachzug, sondern der Versuch, eine radikale Erneuerung des deutschen Nationalbewußtseins einzuleiten. Deshalb nannte er den »Widerstand« eine »Zeitschrift für nationalrevolutionäre Politik«. Die Kehrseite der Sympathie für die Großmacht im Osten bildete der tiefe Argwohn gegenüber allen westlich orientierten Institutionen und Kräften. (102,103) Niekischs Polemik wandte sich nicht nur gegen die westlichen Siegermächte, sondern auch gegen alle Ideen, die er als westlich – und zugleich als feindlich – bewertete: Liberalismus, Parlamentarismus, Kapitalismus und Katholizismus.

103

Der Protestantismus wurde im »Widerstands-Kreis«, ähnlich wie bei Dostojewski, als eine von Grund auf deutsche Sache aufgefaßt. Hier galt es, eine Annäherung an Rom zu verhindern und katholische Einflüsse abzuwehren. Auch dieser Gedanke wurde von Weber aufgenommen. Der Luther der Gegenwart erscheint, die Hände auf dem Rücken gebunden, als Gefangener der römischen Kirche, die Päpste wiederum werden, gut lutherisch, in Teufelsgestalt dargestellt.

Ob es Niekisch mit einer nationalen Revolution wirklich ernst war, steht dahin. Bekleidete er auch ehedem in der Münchner Räterepublik für kurze Zeit ein Amt, er war

Vorsitzender des revolutionären Zentralrats der Arbeiter-, Bauern- und Soldatenräte in Bayern, so gibt es doch überhaupt keine Anhaltspunkte dafür, daß Niekisch zu irgendeinem Zeitpunkt in der Folgezeit eine gewaltsame Machtaneignung vorbereitet oder auch nur geplant hätte. Was Niekisch tatsächlich vorantrieb, war eine Revolution der Geister und nicht der Gewehre.

Man muß diese Ideen kennen, will man A. Paul Webers Werden und Sein verstehen. Die Geschichte hat nach einem halben Jahrhundert die Gewichte verschoben. »Der Westen« ist längst nicht mehr das, was er war: England und Frankreich sind nur noch mittlere Mächte, der politische Katholizismus hat viel von jener Kraft eingebüßt, die er in den zwanziger und dreißiger Jahren besaß, und Rußland ist wieder eine etablierte Macht. Vieles von dem, was Niekisch in jenen Jahren (1926—1936) zu Papier brachte, ist Vergangenheit, manches hat sich als Irrtum erwiesen. Aber die Grundidee, nämlich der Anspruch einer Nation auf politische Autonomie, ist nicht überholbar. (104) In einem Urteil hat Niekisch recht behalten: Hitlers Reichsvorstellung, je nachdem großdeutsch, großgermanisch oder arisch, war gerade nicht, was sie zu sein vorgab, sie war nicht national. Der Machtexzeß Hitlers, die Mobilisierung des ganzen Kontinents, gerade dies gefährdete die nationale Eigenständigkeit. Das war Machterwerb um der Macht willen, aber keine deutsche Politik. Unsinnig darüber zu rechten, wer hier hellsichtiger war, Niekisch oder Weber. Was Weber im »deutschen Verhängnis« vorwegnahm, das protokollierte Niekisch im »Reich der niederen Dämonen« (1953). Daß es ein deutsches Verhängnis war, »Deutschlands Weg« und Deutschlands Katastrophe, dies war für beide wesentlich. In der »Hitler«-Kampfschrift argumentierte Niekisch noch vorwiegend tagespolitisch. Er sah die Fehler und Sünden, aber er unterschätzte den Feind noch. Erst die Röhm-Affäre (1934) öffnete Niekisch ganz die Augen. Er erkannte jetzt nicht nur deutlich die politische Verfehltheit und die rechtlich-moralische Verkommenheit des Nationalsozialismus, er durchschaute endlich auch die Macht und die Gefährlichkeit der »Bewegung«. Webers Instinkt hatte die Größe der Gefahr früher gespürt.

Niekisch selbst fand noch bis zu seinem Lebensende die Zeit, die eigenen Ideen der »Widerstands-Zeit« einer kritischen Sichtung und Prüfung zu unterziehen. In den großen Büchern, die er nach seiner Befreiung aus dem Zuchthaus verfaßte, finden sich, obwohl der Theoretiker den Kern seiner Überzeugungen nicht aufgab, Differenzierungen und Revisionen, in die die Erfahrung des »Reiches der niederen Dämonen«, dessen Opfer Niekisch selbst geworden war, eingegangen sind. Doch für Webers Kunst waren nicht die Schriften des Rückblicks inspirierend, sondern die Gedanken des nationalen Revolutionärs.

Jeder Versuch, Niekisch unter dem Schimpfnamen eines »Faschisten« in die Gesellschaft Hitlers zu bringen, ist grotesk. Selbstverständlich kann man in fast jeder politischen Richtung oder Theorie der späten Weimarer Zeit irgendeine Übereinstimmung mit Hitler entdekken, zumal Hitler mit Ausnahme von Juden und Kommunisten wirklich allen etwas versprach. Eine oberflächliche Gemeinsamkeit läßt sich im »Nationalismus« feststellen, in dem Programm, eine Stärkung Deutschlands herbeizuführen. Erhebliche Unterschiede gab es bereits in der Frage des Weges. Niekisch sah in Hitler ein Werkzeug des Westens und des Kapitalismus. (105) Diese Einschätzung war, wie die Entwicklung zeigte, falsch. Doch es ist wichtig, daran zu erinnern, daß sich in diesem Punkt nicht nur Niekisch geirrt hatte, sondern auch diejenigen auf der Seite des Westens und auf der Seite der kapitalistischen Wirtschaftsmächte, die glaubten, zur Wahrung ihrer eigenen Interessen einen zeitweiligen Pakt mit dem Teufel — und sei es auch nur in der Weise des Gewährenlassens — schließen zu dürfen. Sowohl

104 Des deutschen Volkes Weg

in der Tagespolitik wie auch in der politischen Programmatik während der frühen dreißiger Jahre gab es zwischen Niekisch und Hitler eine ganze Reihe von Differenzen und Streitpunkten; hierzu gehören ihre Einstellungen zu Katholizismus, Italien und Rußland.

Der tiefste Gegensatz zwischen Niekisch und Hitler liegt jedoch in der Gesinnung. Es trifft zu, daß Hitler in den Augen der Nationalrevolutionäre »vulgär« erschien. Vulgär war der Führer der nationalsozialistischen Bewegung nicht nur in seinen Reden, sondern auch in seinem Buch »Mein Kampf«, das Niekisch gründlich analysiert hatte. (106) Es war ein zuvor nicht gehörter Ton, wenn Hitler einen Wirtschaftstheoretiker um seiner »rücksichtslosen Brutalität« willen lobte: »Das Verdienst [Gottfried; d. Verf.] Feders beruhte in meinen Augen darin, mit rücksichtsloser Brutalität den ebenso spekulativen wie volkswirtschaftlichen Charakter des Börsen- und Leihkapitals festgelegt, seine urewige Voraussetzung des Zinses aber bloßgelegt zu haben.« Diejenige Seite, die Niekisch und Weber am Wesen des neuen Führertums am meisten abstieß, war die zynische

105

und bedenkenlose Demagogie. Charakteristisch für Niekisch ist es, daß er dem Dritten Reich »Unvornehmheit und Unritterlichkeit« vorwarf. Ein Ton des Abscheus herrscht überall vor, wo Niekisch sich mit Hitler und dem Nationalsozialismus auseinandersetzt. Wie sehr Weber diesen Abscheu teilte, beweisen viele seiner Bilder.

Die Aufsätze im »Widerstand« zeigen Niekisch als glühenden Patrioten. Er bekennt sich zu »deutschem Staatsgeist und Wehrwillen« und tritt für »deutschen Selbstbehauptungs- und Daseinswillen« ein. Niekisch bekämpft mit der Feder alle Tendenzen, die einem Wiedererstarken Deutschlands im Wege stehen. (107) Wie Thomas Mann in den »Betrachtungen eines Unpolitischen« (1918) sieht Niekisch auch noch zehn Jahre später eine Gefährdung Deutschlands durch die Ideen des Westens. Niekisch stimmt keineswegs in den Einzelheiten mit dem vorrepublikanischen Thomas Mann überein, doch die Akzente, die sie setzen, sind ähnlich.

Auf Grund des Wissens, daß die Beseitigung der parlamentarischen Demokratie von der Aufhebung der Menschenrechte schwer zu trennen

106

107 Der deutsche Mitteleuropäer

108 Essenholer

ist, wird nach fünfzig Jahren auch ein Bewunderer dieses mutigen Mannes seine Vorbehalte nicht unterdrücken können. Wie immer das historische und das politische Urteil nach der Erfahrung des Dritten Reiches und der Nachkriegszeit ausfallen mag, Niekisch ist ebenso ein Stück deutscher Geistesgeschichte wie Thomas Mann und Oswald Spengler, und er ist in dieser Reihe keineswegs bloß ein Epigone. Diese Züge eines besorgten und dem Westen mit Mißtrauen begegnenden Patriotismus finden wir bei Weber wieder.

Das blutige Ringen in den Materialschlachten auf dem westlichen Kriegsschauplatz war so schnell nicht vergessen. (108) Riesige Kräfte hatte der Krieg gerade an dieser Front entfesselt. So ist zu erklären, daß die Gefahr für das Reich immer auf dieser Seite gesucht wurde. Wir glauben heute zu wissen, daß eine Politik der Versöhnung gute Aussichten auf Erfolg gehabt hätte. Niekisch und die meisten Angehörigen des »Widerstands-Kreises« haben Frankreichs Militarismus überschätzt und die kurzsichtigen und zurückgebliebenen Elemente auf der Seite des ehemaligen Kriegsgegners fälschlich für das Ganze genommen. Die Polemik gegen »Abendland« (»Abendländer«) und gegen »Europäertum« verkannte, daß auch hier nach Mitteln gesucht wurde, eine Verbesserung der deutschen Situation zu erreichen.

Eine Zeichnung in Stapels »Literatenwäsche« verhöhnt Alfred Kerr und Thomas Mann gleicherweise als geschäftstüchtige Friedensengel.

Man muß diese antiwestlichen Gedanken und die zugehörigen Bilder auch im Lichte späterer Revisionen betrachten. Ernst Jünger hat, wie es scheint, als erster in diesem Kreise den Irrweg dieser Politik durchschaut. Für Niekisch, der jahrelang durch den Kerker von der Außenwelt abgeschnitten war, wurden Revisionen ungleich schwerer; aber auch er modifizierte seine Urteile. So zeigt er in seinem Nachkriegsbuch für Thomas Manns alttestamentliche Staatsvision überraschend Verständnis. Auch die Webersche Bildwelt blieb in den Bränden, in denen das Dritte Reich unterging, nicht unverändert.

Es wäre, wie wir feststellten, verfehlt, zwischen Weber und Niekisch oder auch zwischen Weber und allen anderen Mitarbeitern des »Widerstands« eine Einstimmigkeit in allen Fragen annehmen zu wollen. Im ganzen gesehen gibt es jedoch eine Reihe von Übereinstimmungen: die Ablehnung Hitlers, die Abneigung gegen die kapitalistische Wirtschaftsform, insbesondere gegen die internationale Verflechtung des Großkapitals, die Bekämpfung des Versailler Vertrags (und der durch diesen Vertrag bewirkten Verkleinerung und Schwächung des Reiches). Hinzu kamen die Kritik an der bürgerlichen Lebensform, der Antikatholizismus und schließlich der Argwohn gegenüber Frankreich, das für den »Widerstand« immer noch das Frankreich Clemenceaus war. Für alle diese Ansichten gibt es bei Weber Bildbelege. (109, 110) Der »Widerstands-Kreis« war indes keine Kampforganisation wie die NSDAP. Die Autoren des »Widerstands« waren unabhängige Männer und betrachteten ihre Unabhängigkeit als ein unverzichtbares Gut. Sie waren schließlich nicht die Führer einer Massenbewegung. Ihr Verhältnis zur Tagespolitik war nicht durch Taktik, sondern durch Moral und Theorie bestimmt.

Der Prosowjetismus, in dem Niekisch einzig und allein die Rettung für das politisch, sozial und wirtschaftlich geschwächte Deutschland sah, wurde nicht von allen Mitgliedern des »Widerstands-Kreises« geteilt. Niekisch wollte im Osten nur sehen, was in sein Bild paßte, das durch seine Zukunftsvision verklärt war: In seinen Gedanken entwarf er einen utopischen Staat des radikalen Sozialismus, ohne bürgerlichen Eigennutz und ohne Privateigentum. Man kann kaum sagen, daß die Gefährten ihm in dieser Hinsicht ganz folgten. Ernst Jünger, der selbst verwegene und radikale Projekte zu Papier brachte, riet in der Ost-West-Frage zur Besonnenheit. Gemeinsam war allen »Widerstands-Leuten« die Sorge um das in der

109 Waage

110 Der Spiegel

Mitte liegende Land und um dessen Orientierung im Weltkonflikt.

Niekisch war trotz aller Erfahrungen und Kontakte kein einflußreicher Politiker, sondern eher ein Theoretiker und Visionär. Die Zeitschrift und seine Schriften erreichten nur einen kleinen Kreis. In diesem Kreis verstand sich, von wenigen Ausnahmen abgesehen, ein gewisser geistiger Rang von selbst, aber die kleine Zahl machte es der Gegenseite auch um so leichter, den »Widerstand« zum Schweigen zu bringen. Zu den tragischen Ereignissen im Leben Niekischs gehört es, daß eines seiner besten Bücher, »Die dritte imperiale Figur«, so gut wie wirkungslos blieb. Dieses Werk zeigt seine Denkweise besser als irgendeine andere Schrift. Niekisch benutzt darin die begrifflichen Mittel aller dynamischen Geschichtsphilosophien von Hegel über Nietzsche bis Spengler, um die Zukunft der Deutschen welthistorisch zu legitimieren. Er stützt auf diese Weise die Idee einer nationalen Revolution durch eine von ihm angenommene geschichtliche Notwendigkeit, die zwar keine Automatik enthält, aber doch eine Sinnbestimmtheit, eine historische Logik. Für das Kommende wird so eine ideale Gewißheit in Anspruch genommen. Diese ideologische Zuversicht findet, wie wir später noch sehen werden, eine Parallele in Webers Frauengestalten, doch nur eine Parallele, kein Äquivalent. Weber spekuliert nicht, er sieht und träumt. Die Lage Deutschlands und die Not der Epoche sind für ihn nicht durch Theorie zu verändern.

Niekisch glaubt sich einig mit Dostojewski, Nietzsche und Lenin und hält es für richtig, den Völkern bestimmte Kulturaufgaben zu übertragen. Diese Auffassung entspricht Hegels Lehre von den Volksgeistern. Über einen solchen Versuch, die Geschichte und die geschichtlichen Mächte einer begrifflichen Konstruktion zu unterwerfen, kann man sehr kritisch urteilen. Aber es ist nicht zu leugnen, daß Niekisch hier in einer kaum angefochtenen

111 Tod in Paestum

112 Der morsche Baum

Tradition stand. Kants Überzeugung, daß Kultur stets eine ausgeglichene Ordnung aller Kulturfunktionen einschließe, war durch den geschichtsphilosophischen Dilettantismus des 19. Jahrhunderts, den Hegel eingeleitet und Nietzsche auf faszinierende Weise fortgesetzt hatte, in Vergessenheit geraten. Dieselbe aufklärungsfremde Romantik steckt auch in Niekischs visionärer Theorie, aber so verfehlt sie auch sein mag, geschichtliche Bildung, sprachlicher Glanz und aufrichtige Sorge um Deutschland sind ihr nicht abzusprechen. Um jeden Preis sucht Niekisch eine Zukunftsrolle für die Deutschen zu ersinnen, die er aber nur unter Preisgabe römischer und westlicher Traditionen definieren zu können glaubt. (111)

Für die Männer um Niekisch, auch für Weber, müssen diese Gedankenflüge ungemein bewegend und anregend gewesen sein. Doch während Niekisch selbst in carcere et vinculis sich eine lichte Zukunft herbeischrieb, sah Weber ins Dunkle hinein. Er sah die unterirdischen Mächte, den Tod im Wurzelwerk, er sah über den Rand des Abgrundes hinaus in die Tiefe. (112) Seinem künstlerischen Instinkt war klar, daß der Reiter stürzen würde, der, wie Niekisch, über den Abgrund hinweg wollte. Für den Künstler und Handwerker gab es kein Patentrezept. So sehr er die rücksichtslose und auf Kosten anderer praktizierte Akkumulation von Gütern verabscheute, so wußte er doch den Wert wirtschaftlicher Unabhängigkeit zu schätzen, wo sie das menschliche Maß wahrte. (113,114) Da Weber ein so waches Gespür für das Abgründige und Verhängnisvolle besaß, konnte er durch die eintretende Katastrophe dann auch nicht mehr erschüttert werden.

Für Webers Kunst ist es von erheblicher Bedeutung, ob sie sich »nach außen« oder »nach innen« wendet. »Nach außen« — das ist Angriff, Kritik, Gericht; »nach innen« — das ist das eigene Haus, die Familie und Freunde, das Land, die Landschaft, die Heimat. (115,116,117) Ist Webers Kunst dort, wo er nicht polemisiert, wo er nicht zeit- und geschichtskritisch mit Menschen und Mächten ins Gericht geht, »Heimatkunst«? Antwort: Natürlich ist

113 Wer hat, der hat
114 Untergehende Welt

115 Hofecke

116

117

das Heimatkunst. Wir sind durch die barbarischen Begleiterscheinungen des Dritten Reiches so verstört worden, daß wir alle Kunstwerke der dreißiger und frühen vierziger Jahre, die etwas mit Heimat und Vaterland, mit Familie, Landwirtschaft, Volk und Dorf zu tun haben, mit einem Bann belegt haben. Das Bannwort heißt »Blut und Boden«. Ohne Zweifel begünstigten die Machthaber jede Bodenständigkeit und Deutschtümelei, sofern die Person des Künstlers dies nur irgend zuließ. Keine Frage auch, daß die öffentliche Förderung Minderwertiges in Fülle begünstigte. Es wäre jedoch ein arger Irrtum, wollte man annehmen, der Nationalsozialismus hätte im Bereich der Kunst irgend etwas Neues hervorgebracht. Er hat viele Kunstrichtungen erstickt oder in den Untergrund gedrängt, aber er hat, allen offiziellen Bekundungen zum Trotz, keine Form der bildenden Kunst ins Leben gerufen. Sogar der heroische Monumentalismus ist, kunstgeschichtlich betrachtet, die Weiterentwicklung eines realistischen Klassizismus, die sich

118 Poltawa

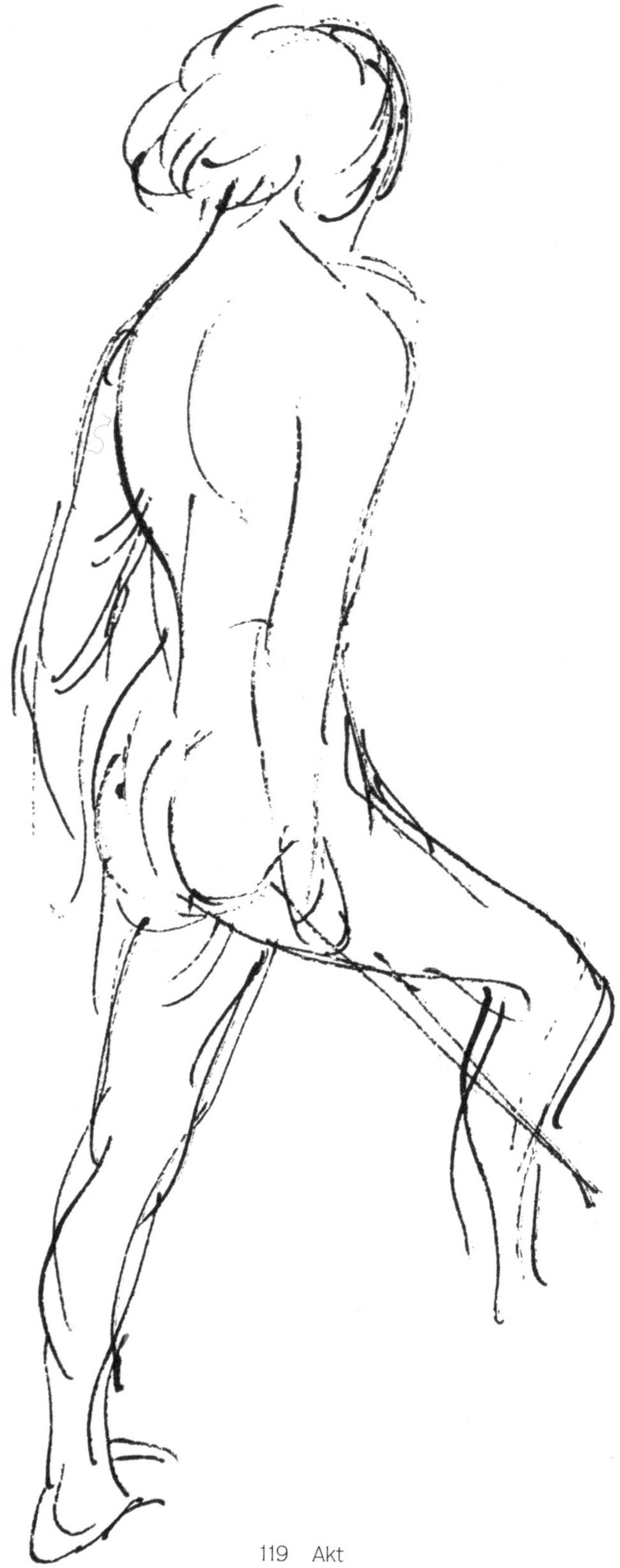

119 Akt

120 Am Weiher

keineswegs auf Deutschland alleine beschränkt. Webers Bilder haben sich, was Bildaufbau, Stil und Sehweise anlangt, unter dem Eindruck des Dritten Reiches nicht gewandelt. Er war nie ein Abstrakter und wurde es auch später nie. Seine Zeichen- und Malweise war nach den primitiven Kriterien der nationalsozialistischen Kunstrichter problemlos; Probleme konnte es höchstens bei den Bildinhalten geben. Hinsichtlich des Kräftigen, Gesunden, Soldatischen war Weber ebenfalls nicht besonders zeitgemäß. Selbst bei militärischen Themen blieb seine Darstellungsform behutsam, im einzelnen sogar weich. Härte und Strammheit karikierte er allenfalls; ein Beispiel aus der späteren Zeit ist die »Ellenbogenstoßbrigade«. Webers Landschafts- und Menschenbilder, Bäume und Wiesen verraten Empfindung und Anhänglichkeit, sie bekunden eine Wertschätzung für Land, Volk und Familie, die nirgendwo auftrumpft. (118,119,120,121) Die Entwicklung der realistischen Momente reicht bis in die Wandervogelzeit zurück.

Angesichts der engen Verbindung zwischen Weber und Niekisch erstaunt es nicht, daß Weber den Freund einige Male porträtierte. Die Ölbilder zeigen Niekisch im Alter. (79) Zwei von ihnen scheinen ungefähr gleichzeitig entstanden zu sein, das dritte Bild wahrscheinlich später. Die Ölbilder verbergen nicht, daß es sich um einen leidenden alten Mann handelt. Gleichwohl beherrschen Geist und Ernst die Bilder. Eindrucksvoll ist auch Webers Kohlezeichnung. (122) Hier kommt die eigensinnige, stark rechtliche Energie Niekischs zur Geltung. Durch die Bekanntschaft mit Niekischs Schriften ist der Betrachter voreingenommen, doch das Porträt bestätigt den Eindruck der Bücher, in denen Entschiedenheit und Gründlichkeit das Feld beherrschen. Niekisch erlaubte sich kein Spiel, kein Nachgeben und keinen Scherz.

121

122 Ernst Niekisch

So wie wir Weber diese Niekisch-Porträts verdanken, so ist es uns auch möglich, Weber in jenem Bilde zu betrachten, das Niekisch von ihm entwirft. Im ersten Band seiner Erinnerungen berichtet Niekisch über die Anfänge der Zusammenarbeit im Widerstands-Verlag. Weber war ihm durch Zeichnungen, Illustrationen und Bucheinbände bereits aufgefallen. Das Bild, das Niekisch in seinen Erinnerungen von Weber entwirft, ist sicherlich nicht unzutreffend, aber auch charakteristisch für die Beziehung zwischen den beiden Männern, die mehrere Jahre hindurch als Herausgeber der Zeitschrift »Widerstand« zusammengearbeitet hatten: »Weber war ein großer, schlanker Mann mit langem, schmalem Kopf, ganz schwarzen Haaren und schwarzem Kinnbart. Er hatte ein exotisches Aussehen, man konnte ihn für einen Araber halten. Seine Schädelbildung erinnerte an ein Pferd. Nichts von Intellektualität war in ihm, man empfand ihn gleich als das Instinktwesen, das er in der Tat war. Als er einmal eine Nacht zusammen mit den beiden Jünger, mit Schauwekker und Hielscher verbracht hatte, rief Hielscher aus: ›Sie sind ja ein wahrer Waldschrat!‹ In dieser Charakterisierung lag etwas Richtiges; das Elementare an Weber war unverkennbar; wenn etwas zu wünschen übrigblieb, war es lediglich das Ausmaß, die Fülle dieser Elementarität.«

Wie überall in seinen Erinnerungen, wo Niekisch über Menschen spricht, denen er begegnet ist, versucht er auch bei Weber möglichst genau zu sein. Es gehört zu Niekischs Sachlichkeit, daß er günstige Eindrücke auch bei gegensätzlichen Einstellungen nicht verschweigt. Ein Beispiel dafür ist sein Bericht über die Audienz bei Mussolini im Jahre 1935. Im Munde Niekischs, der bei aller Leidenschaft so rational wie nur möglich zu sein versuchte, enthält die Kennzeichnung »Instinktwesen« gewiß keine uneingeschränkt positive Bewertung. Er sah die Seiten der Weberschen Kunst, die ihm im Grunde fremd waren: »Das Dämonische zog ihn an, gern erging er sich in wilder Phantastik. Sein Strich war zart, mit einer Gewissenhaftigkeit sondergleichen strichelte er seine unheilschwangeren Wolken.« (123,124)

123 Erscheinung im Drahtverhau
124 Bauer, wach auf!

Muteten Niekisch auch viele Elemente des Weberschen Werkes fremdartig an, so hatte er doch für die künstlerische wie für die geistige Qualität dieser Schöpfungen viel Sinn. Ausdrücklich erwähnt er, daß der Bucheinband des Ranke-Werkes und die Ausstattung seines eigenen Buches »Gedanken über deutsche Politik« (1929) seinen Beifall fanden. »... der Widerstandsverlag hatte große Vorteile von ihm. Durch seine Widerstandszeichnungen wurde er bekannt, und umgekehrt wandten sich viele Leute dem Widerstandsverlag zu, weil ihnen Weber etwas zu sagen hatte.« Weber war auch an den beiden letzten Jahrgängen des »Widerstands« beteiligt, die in der Zeit des Dritten Reiches bis hin zum Verbot nach dem Dezemberheft 1934 erscheinen konnten: »Erstaunlicherweise konnte der Widerstand auch nach der Machtergreifung durch Hitler vorerst erscheinen. Man darf wohl sagen, daß die Qualität der Zeitschrift in den Jahren 1933 und 1934 ihren Gipfel erklomm. Eine ganze Reihe neuer Mitarbeiter stellte sich ein, die in hervorragenden Aufsätzen in getarnter Weise gegen Hitler polemisierten und opponierten. So hielt zum Beispiel Friedrich Georg Jünger in einem Aufsatz über das Schauspielertum ein scharfes Gericht über Hitlers Wesen und das theatralische Getriebe des Nationalsozialismus überhaupt. Die Zeichnungen A. Paul Webers entlarvten in symbolischer Gestalt in jedem Heft die innere Verlogenheit des nationalsozialistischen Regimes und die katastrophale Entwicklung der weltpolitischen Situation.«

Weber besorgte auch die Ausstattung des letzten Niekisch-Buches »Die dritte imperiale Figur«, doch nach dem Verbot der Zeitschrift und infolge der Behinderung der Verlagsarbeit gab es für ihn nichts Rechtes mehr zu tun. Im Sommer 1935 unternahmen die beiden Männer in Gesellschaft eines weiteren Angehörigen des »Widerstands-Kreises« (Karl Tröger) eine Autofahrt durch Italien. (125) Niekisch gibt in seinen Erinnerungen einen anschaulichen Bericht: »Beim Übergang über die Grenze stahlen die italienischen Zollbeamten Weber den Rucksack mit den Malutensilien. In Bozen machten wir halt, um das Material für den Maler neu zu beschaffen. Von Bozen aus nahmen wir unseren Weg über Trient, Gardasee, Verona, Modena, Florenz, Volterra, Siena, Orvieto, Viterbo nach

125 Südliche Architektur

Rom. Von Rom begaben wir uns nach Neapel und Sorrent, besuchten von dort aus Capri, Pompeji, den Vesuv und schließlich Paestum. In vollen Zügen genoß Weber die Herrlichkeiten Italiens. Für Paestum hatte er große Vorsätze gefaßt. Die alten griechischen Tempel sollten ihm auserlesene Motive schenken. Lange war er unschlüssig, was er auf die Leinwand bringen sollte. Tröger und ich sagten, wir wollten ihn nicht stören und zögen vor, ein Bad zu nehmen. Wir ließen ihn mit dem Tempel allein und fuhren an eine entlegene Stelle der Küste. Als wir zurückkehrten, trafen wir Weber weder in der Ruine selbst noch in deren unmittelbarer Umgebung. Lang suchten wir ihn, endlich entdeckten wir ihn auf einer kümmerlichen Wiese vor seiner Staffelei. Was aber war es, was er in Paestum malte? Es war ein kleines, possierliches Eselchen. Herzlich lachten wir darüber, daß er nach Paestum gefahren sei, um einen Esel zu konterfeien.«

Man sollte diesen Vorfall nicht überbewerten, aber daß Weber den Hauptsachen — oder dem, was andere für die Hauptsache hielten — den Rücken kehrte, war charakteristisch. Es liegt etwas von seiner stillen Eigenwilligkeit in diesem Verhalten. Wie der Fuchs, der die Fernsehgemeinde verläßt, ohne das übrige Publikum auf sich aufmerksam zu machen, so ging auch Weber zu seinen Tieren, in sein Dorf oder an seinen Zeichentisch.

Niekisch, der mit Weber bei der Redaktionsarbeit Monat für Monat zusammenkam, hatte oft Gelegenheit, den stillen, fleißigen und eigenwilligen Künstler zu beobachten. Manche Äußerungen verraten viel über die Verschiedenartigkeit der Freunde. Im zweiten Band seiner Erinnerungen spricht Niekisch über den Maler Horst Strempel, den er mit dem Schretstakener Künstler vergleicht: »Sein einfaches Gemüt, seine unkomplizierte Geistigkeit erinnerten mich stark an meinen Freund A. Paul Weber.«

Viele Arbeiten Webers aus der »Widerstands-Zeit« sind heute vergessen. Immer wieder nachgedruckt werden dagegen einige Bilder aus »Hitler — ein deutsches Verhängnis«, von denen am eindrucksvollsten der Marsch in den Riesensarg ist (später »Das Verhängnis« genannt). Niekisch berichtet: »Jünger war auch sehr eng mit Carl Schmitt befreundet, und nicht selten saßen wir drei zusammen. Der scharfe, durchdringende Geist Schmitts hatte es Jünger angetan. Nachdem ich meine Broschüre Hitler — ein deutsches Verhängnis geschrieben hatte und die Weberschen Entwürfe zu den Zeichnungen vorlagen, lud ich Jünger, Schmitt und Bronnen zu mir ein. Ich legte die Entwürfe vor. Bronnen wandte sich sogleich dagegen; er fühlte sich durch den Angriff auf den Nationalsozialismus verletzt und warnte vor den bösen Folgen einer Veröffentlichung. Rücksicht auf solche Folgen zu nehmen, sei nicht meine Sache, entgegnete ich. Schmitt rief aus, nie habe er etwas so Eindrucksvolles gesehen, das Titelbild erschlage förmlich. Jünger hielt mit seinem Urteil zurück. Er wisse wohl, meinte er, wie ich mir alles überlege und alle Folgen einkalkuliere. Er finde die Zeichnungen gut und wirksam, und wohl werde die Broschüre großen Eindruck machen.« Das war 1932. Doch der polemische und zeichnerische Kampf der Freunde gegen den Nationalsozialismus setzte sich noch bis 1934/35 fort. Später — Niekisch schreibt: Anfang 1936 — kam es zwischen ihm und Weber zu einer Entfremdung, über die Niekisch sich nur andeutungs- und vermutungsweise äußert. Von der Verhaftungswelle, die den »Widerstands-Kreis«, vor allem aber Niekisch selbst traf, wurde auch Weber erfaßt. Nach mehrmonatiger Haft konnte Weber zu seiner Familie zurückkehren. Weber, so möchte man sagen, verschwand in der Heide. (126) Er hatte in die Abgründe geblickt, aber seine Sache war es nicht, sich selbst in den Abgrund zu stürzen. Wie Reineke Fuchs zog er sich zurück.

126

127 Der deutsche Soldat schreibt Geschichte

Im Schatten des Krieges
Volkskalender Nordschleswig
Der letzte Privatier

In der Künstlergeschichte Webers erscheint seine Mitarbeit am »Deutschen Volkskalender Nordschleswig« wie ein merkwürdiges Zwischenspiel. Auch Niekisch forderte die Überwindung des »Urbanismus«. Für den Analytiker Niekisch waren die Sachverhalte Technik, Industrie und Wirtschaft ziemlich verwickelt. Er hielt sein Eintreten für die Planwirtschaft sogar für einen Kernpunkt seines Programms. Gleichzeitig aber wollte er natürliche Kräfte in den Dienst einer nationalen und gesellschaftlichen Erneuerung stellen. Seiner ganzen Lebensweise nach war Niekisch jedoch ein Mensch der großen Städte, der Intellektuellenkultur und der Diskussionszirkel. Weber nahm zwar an diesem Getriebe ganz gerne teil, aber vorwiegend in der Rolle des Beobachters, der aus der Sphäre der Theoretiker und Programmatiker eine Fülle von Eindrükken bezog. Den beteiligten Freunden versagte er seine Achtung nicht; der Betrieb aber, der dazu gehörte, bot ihm unerschöpflichen Stoff für zeichnerische Satiren. Die Redner verspottete er in allen Posen, bei öffentlichen und bei privaten Anlässen (»Die Tischrede«). (128) In der Heide — wenn wir diese Metapher für die ganze Welt des Ländlichen und Stadtfernen nehmen dürfen — fand Weber Gediegenheit und Verläßlichkeit.

In literarischer und politischer Hinsicht ist der »Volkskalender« provinziell. Im Unterschied zum »Widerstand«, der sich an eine kritische Elite des Reiches wandte, war diese Publikation eine Kreisangelegenheit und für die kleine Zahl Deutschsprachiger bestimmt, die nach dem Ersten Weltkrieg durch die Grenzverlegung dänische Bürger geworden waren. Es handelte sich um einen bäuerlich orientierten Kalender, der mithelfen sollte, der deutschen Minderheit mit ihren Vereinen, Schulen und einer bescheidenen deutschen Kulturpolitik einen Rückhalt zu geben. Der Kalender enthält, wie das so zu sein pflegt, neben Berichten aus den nordschleswigschen Städten und Dörfern Nachrufe, Markttermine, Erzählungen, Gedichte, historische Beiträge und auch ein wenig Politik. Weber war mit dem Herausgeber Hans Schmidt-Gorsblock (88) befreundet und erklärte sich gerne bereit, für die Ausstattung und Illustrationen zu sorgen, obwohl die nordschleswigschen Freunde nur wenig dafür bezahlen konnten.

Über die harmonische, ja geradezu gemütliche Beziehung zwischen dem Künstler und dem Herausgeber unterrichtet uns die Arbeit von Günter Lapp, die 1982 in der Schriftenreihe der Weber-Gesellschaft erschienen ist. Weber entwarf für den Kalender den Umschlag (die Kirche von Lügumkloster) und das Titelbild: das gespaltene Wappen Schleswigs, dahinter, als Deutschtumssymbol, Eichenzweige. (129) Weber schuf auch die Holzschnitte für das Kalendarium. (130) Wie schon in älteren Bauernkalendern sind den geläufigen Monatsnamen die germanisierenden Entsprechungen beigegeben. Der prägnante Stil dieser Holzschnitte läßt dennoch Webers Hand unschwer erkennen.

Besonders die Gedichte und Erzählungen des Herausgebers und Freundes Schmidt-Gorsblock ergänzt und schmückt Weber durch Zeichnungen; er steuert aber auch Bilder bei, die nichts mit dem Inhalt des Kalenders zu tun haben, wie die sehr Webersche Erfindung »Der Tod zieht einen Baum hinab«. (131) Schließlich findet Weber Gelegenheit, Möbelentwürfe als »Anregung zu neuem Hausrat« im Bilde vorzuführen. (132)

128 Tischrede

Deutscher Volkskalender Nordschleswig

1937

für die deutsche Volksgruppe Nordschleswigs herausgegeben von Hans Schmidt-Gorsblock.

Verlag: Deutscher Jugendverband Nordschleswig · Tondern Deutsches Haus

Februar · Hornung

			Sonnen- Aufg.	Unterg.	Hochwasser in Hoyerschleuse	
1	Montag		7^{48}	16^{40}	6^{09}	18^{35}
2	Dienstag	☾	7^{46}	16^{42}	6^{40}	19^{03}
3	Mittwoch		7^{45}	16^{44}	7^{15}	19^{35}
4	Donnerstag		7^{43}	16^{46}	7^{57}	20^{22}
5	Freitag		7^{41}	16^{48}	8^{52}	21^{22}
6	Sonnabend		7^{39}	16^{50}	10^{05}	22^{38}
7	**Sonntag**	**Estomihi** Luk. 18, 31—43	7^{37}	16^{52}	11^{25}	—
8	Montag		7^{36}	16^{54}	0^{05}	12^{39}
9	Dienstag		7^{34}	16^{56}	0^{59}	13^{39}
10	Mittwoch		7^{32}	16^{58}	1^{53}	14^{28}
11	Donnerstag	●	7^{30}	17^{00}	2^{39}	15^{18}
12	Freitag		7^{28}	17^{02}	3^{23}	15^{57}
13	Sonnabend		7^{26}	17^{04}	4^{03}	16^{36}
14	**Sonntag**	**Invokavit** Matth. 4, 1—11	7^{24}	17^{06}	4^{42}	17^{12}
15	Montag		7^{22}	17^{08}	5^{20}	17^{48}
16	Dienstag		7^{20}	17^{10}	5^{58}	18^{24}
17	Mittwoch		7^{18}	17^{12}	6^{38}	19^{01}
18	Donnerstag		7^{15}	17^{14}	7^{21}	19^{46}
19	Freitag	☽	7^{13}	17^{16}	8^{14}	20^{47}
20	Sonnabend		7^{11}	17^{18}	9^{32}	22^{11}
21	**Sonntag**	Heldengedenktag **Reminiscere** Matth. 15, 21-28	7^{09}	17^{20}	11^{04}	23^{41}
22	Montag		7^{06}	17^{22}	—	12^{33}
23	Dienstag		7^{04}	17^{24}	0^{56}	13^{38}
24	Mittwoch		7^{01}	17^{26}	1^{56}	14^{31}
25	Donnerstag	○	6^{59}	17^{28}	2^{42}	15^{19}
26	Freitag		6^{57}	17^{30}	3^{24}	15^{58}
27	Sonnabend		6^{55}	17^{32}	4^{12}	16^{32}
28	**Sonntag**	**Okuli** Luk. 11, 14—23	6^{52}	17^{34}	4^{37}	17^{03}

131 Der Tod zieht einen Baum hinab

132 Stuhl und Truhe

Die bescheidene Druck- und Papierqualität waren für Weber kein Grund, die künstlerische Aufgabe leicht zu nehmen. So finden sich denn auch in den schlichten Bänden des Volkskalenders hervorragende und sehr charakteristische Werke Webers: Holzschnitte, Zeichnungen und Gemälde. Einzelnes ist später in andere Veröffentlichungen übernommen worden, aber ein guter Teil der Weberschen Arbeiten ist unbekannt geblieben. Der Kalender bot Weber vielfältige Gelegenheit, jene Welt zu zeigen, der seine Sympathie gehörte: Dorf, Landschaft, Hof, Garten und Meer, dazu die auf dem Lande lebenden Menschen, schwer und unbeholfen (»Muttersprache«), bei der Arbeit (»Entwurf eines Diploms für einen jungen Bauern«), die Bäuerin »im stillen Winkel« und freundliche Erntebilder. (133) Besonders reich an Beiträgen ist der Kalender von 1944. Hier findet sich eine bemerkenswerte Variante des »letzten Privatiers«: »Um seinen Kohl«. (134) Der Kohlbauer befestigt die Kronen einer kreisförmigen Backsteinmauer mit Glasscherben. Voll Sorgen blickt er über seine Mauer hinweg in eine wüste, unkultivierte und düstere Welt. Die dunkle Weite außerhalb der Mauer ist in diesem Fall zwar nicht als Schlacht- und Trümmerfeld erkennbar, aber die Bedrohung ist deutlich genug. Die stille Sphäre des eigenen Hofes, wie Weber sie uns in anderen Bildern vorstellt (»Die Hochzeit«), ist zur Ausnahme geworden. (135)

Neben den Gemälden und den zum größeren Teil unveröffentlichten Handzeichnungen stellen Webers Beiträge zum »Deutschen Volkskalender Nordschleswig« eine der wichtigsten Quellen dar, wenn man sich mit der Mitte des Weberschen Werkes vertraut machen will.

133 Diplom für einen Jungbauern

134 Um seinen Kohl

135 Kutsche

Das Wort »Mitte« ist in vielfältiger Weise zu verstehen. Sachlich bezeichnet es den Bereich, den Weber nicht in Frage stellt, dem seine Teilnahme und Sympathie gehört: »Mitte« bedeutet ferner jene Arbeit in der Lebensmitte, als dem Künstler der Zugang zu einer größeren Bühne verschlossen war. »Mitte« schließlich auch in dem Sinne, daß Weber, notgedrungen, stärker in seine eigene Bildwelt gedrängt wurde, als dies in der gesprächsreichen Zeit des »Widerstands« der Fall war.

Der Volkskalender hatte, gemessen an vergleichbaren Unternehmungen, erst eine kurze Tradition hinter sich. Der erste Jahrgang erschien 1925. Seit 1931 war Hans Schmidt-Gorsblock Herausgeber; ab 1935 beteiligte sich Weber an der Kalenderarbeit. An den traditionsreichen »Volkskalender des Lahrer Hinkenden Boten« reichte der Nordschleswig-Kalender nicht heran — immer abgesehen von gewissen Beiträgen Webers. In Apenrade hatte man darüber hinaus offenbar weder die Mittel noch die Mitarbeiter, um so professionell zu verfahren, wie dies in Lahr möglich war.

In einer Hinsicht aber unterscheiden sich die norddeutsche und die süddeutsche Kalenderproduktion kaum voneinander: In ihrer Provinzialität gehorchen sie widerstandslos dem Zeitgeist. Politisch gesehen sind sie national, gegebenenfalls auch nationalsozialistisch wie die Mehrheit. In dem Kalender der Deutschen des nordschleswigschen »Grenzlandes« verstärken sich diese zeitbedingten Momente. Unter den sogenannten volksdeutschen Minderheiten war die nordschleswigsche vermutlich eine der friedlichsten. Selbst nach 1940, in der Zeit der Besetzung, strebte man keine Grenzrevision an, wenigstens gilt dies für die Kalenderautoren. Die politische Zielsetzung wurde so beschrieben: »Deutsches Lebensrecht zu wahren und doch die Verbindung zum dänischen Nachbarvolk zu suchen und zu finden.«

Man wußte sich als Minderheit und respektierte den dänischen Staat. Besonders der Sprecher dieser deutschen Volksgruppe, Pastor Johannes Schmidt-Wodder, Abgeordneter im Kopenhagener Folketing, vertrat eine solche Politik ethnischer Selbstbehauptung und friedlicher Nachbarschaft. (87) Die Beiträge im Kalender lassen allerdings erkennen, daß diese Politik nicht ohne Spannungen durchzuhalten war. Die Dänen beobachteten die Entwicklung im Reich mit geringerem Vergnügen als ihre deutschsprachigen Mitbürger; wie im übrigen Skandinavien verstärkte sich die Hinwendung zu England.

Gemeinsam mit der großen Mehrheit der Deutschen begrüßte 1938 auch der Volkskalender die Besetzung Österreichs: »Da marschiert auf Befehl des Führers die deutsche Armee! Ihr Marschtritt genügt, um die Regierungsattrappen einstürzen zu lassen, und ein unnennbarer Jubel schlägt den deutschen Soldaten und dem Führer entgegen.« Der Herausgeber reimt begeistert: »Früher ein Beten, nun Jubel zugleich: / Ein Volk und ein Führer und ewig ein Reich!«

Zwei Jahre später sind die Deutschen vom Einmarsch der Wehrmacht in Dänemark ebenso überrascht wie ihre dänischen Nachbarn; der Unterschied besteht nur darin, daß dies die eigenen Soldaten sind; Apenrade begrüßt die durchziehenden Truppen. Man erhofft sich Gutes, vielleicht sogar eine größere Einheit mit den Nachbarn unter germanischem Vorzeichen. Der Kalender spiegelt die Kriegsentwicklung getreu wider: erst den patriotischen Rausch mit vielen Freiwilligenmeldungen, dann die wachsende Sorge angesichts der Rückzüge und vor allem die von Jahr zu Jahr um eine ganze Seite länger werdende Liste der Gefallenen.

Liest man die Kalenderartikel nach, so findet man selten die schrillen Töne, die in der nationalsozialistischen Parteipropaganda sonst üblich waren. Das Zeitgemäße erscheint hier geradezu treuherzig, um nicht zu sagen: unschuldig. Das ist keine nachträgliche Beschönigung. Es ist nur die nüchterne Feststellung der Einfachheit und Provinzialität dieser Sphäre.

Wie fügt sich Weber in diese Volksgruppenwelt ein? Die Frage ist nicht leicht zu beantworten. Seine Briefe bezeugen die Verbundenheit mit den Freunden. Hof und Garten Schmidt-Gorsblocks hatten es ihm, wie Günter Lapp berichtet, besonders angetan. (89, 91) Lapp zitiert aus einem Brief Webers an den Freund: »Ich schreibe es wohl in jedem Brief: ich wandre in Gedanken gern um Ihr Haus und neu stehen viele Bilder vor meinem Auge.« Weber findet in Nordschleswig tatkräftige Unterstützung seiner gärtnerischen Unternehmungen. In Briefen bekennt er seine Anhänglichkeit an eine »Welt, die mich immer mehr fesselt und tröstet. In der anderen erstickt das Edle und Göttliche noch immer mehr.«

Zeitgemäß war die Berücksichtigung des »Soldatischen«. Beachtenswert ist in diesem Zusammenhang die Zeichnung »Der deutsche Soldat schreibt Geschichte«, die, einem gesinnungstüchtigen Anacker-Gedicht (»Wille zum Sieg!«) beigegeben, sich scheinbar leicht enträtseln läßt. (127) Erst bei genauerem Hinsehen erschließt sich dem Betrachter der Bildinhalt: Der Soldat sitzt auf dem Fragment einer antiken

136 Der Briefschreiber

Säule, den Stiefel auf ein Hauptbuch und auf einen ausgeschütteten Geldsack gesetzt; der altertümliche Kaufmannszylinder liegt im Staub. Dies sind Niekisch-Motive und bedeuten die Überwindung »Roms«, die Überwindung des bürgerlichen Liberalismus und schließlich einen dritten Weg, eine dritte Figur, was immer dieser dritte Weg im übrigen auch sein mag.

Ein beziehungsreiches Blatt ist die Zeichnung »Der Briefschreiber«. (136) Der Unterstand ist im Walde in das Wurzelwerk der Bäume eingegraben. Auf der Höhe, am oberen Bildrand, sieht man den hinteren Helmrand eines Soldaten, der mit dem Gewehr die Stellung besetzt hält. Der Schreiber hockt am Eingang des Unterstandes und schreibt auf den Knien den Brief. Er befindet sich im Untergrund des Waldes, also dort, wo Weber sonst dem Tod seinen Platz anweist. Das ist unmißverständlich. Die Zeichnung ist bis zum Bildrand hin genau ausgeführt. Ein charakteristisches Detail bildet die kleine Eidechse auf dem Stein. Sie ist der Bote einer friedlicheren Welt, während Boden und Stämme zerrissen und zerfetzt sind. Aus der Rinde der Hölzer blicken unheimliche Augen hervor.

In blutiger Gestalt begegnet uns der Soldat auf dem Bild »Der Fähnrich«. (137) Auf einem Feld voll Erschlagener erwartet der Fähnrich, ins Fahnentuch gewickelt und ein zerbrochenes Schwert in der Hand, die tödlichen Stöße. Das Bild illustriert einen Text aus dem 16. Jahrhundert, der in kunstvoller Druckanordnung auf der Gegenseite wiedergegeben ist: »Der Landsknecht-Obrist zu seinen Fähnrichen: Ihr Fähnriche, da befehle ich euch die Fähnlein mit der Bedingung,

137 Der Fähnrich

wann ihr werdet in die Hand geschossen, darin ihr das Fähnlein tragt, daß ihr's in die andere nehmt, werdet ihr in dieselbe auch geschädigt, so werdet ihr das Fähnlein ins Maul nehmen. Werdet ihr aber vom Feind überdrungen, sollt ihr euch darein wickeln und euer Leib und Leben darinnen lassen, ehe ihr euer Fähnlein mit Gewalt nehmen lasset.« Vorherrschend düster wirkt auch das Bild, das einen Stürmenden zeigt; der dunkle Himmel ist von Geschossen zerrissen, die Landschaft ein Trichterfeld, im Vordergrund liegt, am Helm erkennbar, ein toter Engländer. (138)

Wo Weber den Krieg zeichnet, dort fehlt das Düstere selten. Doch die Mehrzahl seiner Kalenderbeiträge hat keine Kriegsthemen wie zum Beispiel die Bildserie »Die alte Straße«, die ländliche Wohnstätten und ihre Bewohner zeigt. (139,140,141,142)

Die Kalender sind auch deshalb für das Gesamtwerk Webers so wichtig, weil sie in den sorgenvollen Jahren der zweiten Kriegshälfte die wichtigste Publikationsstätte für seine Arbeiten darstellten. Die Jahrgänge 1943, 1944 und 1945 enthalten die größte Zahl Weberscher Beiträge, die einen gewissen Einblick in die Vielfalt seines Schaffens erlauben. Wir sehen Glasfenster, Truhen, Scharniere (143,144,145), Holzschnitte für das Gudrunlied, ferner ein Beispiel aus den »Britischen Bildern« (»Die letzte Schlacht«), Proben seiner Füchse (»Fuchs und Hahn« / 146) und das den Künstler ständig bewegende Scheideweg-Motiv (»Eulenspiegel am Scheideweg«). (147) Das zuletzt genannte Bild verdient nähere Betrachtung. Der Scheideweg liegt im tiefen Wald, überall ist Wurzelwerk. Eulenspiegel macht Rast. Rechts auf dem Stein im Vordergrund begegnet uns wieder die Eidechse, die in Webers Bildwelt den Frieden symbolisiert.

138 Stürmender Soldat

Die alte Straße

140 Kaffeegeschirr

141 Gespräch

142 Roßäpfel

143 Glasfenster

144 Glasfenster

145 Scharniere

146 Fuchs und Hahn

147 Eulenspiegel am Scheideweg

Bereits an anderer Stelle hatte Weber stilisierte Eidechsen in dieser Bedeutung als Vignette zu einer Betrachtung über »Große und kleine Heimat« verwandt. (148) Die wohlmeinenden Ausführungen, deren Thema der Ausgleich mit dem dänischen Nachbarvolk ist, gipfeln in dem Satz: »Ein Handschlag zwischen Verwandten muß das Verstehen besiegeln.« In beiden Eidechsen schlägt dasselbe Herz. Die Grundlage der Verwandtschaft wurde naheliegenderweise in der gemeinsamen germanischen Geschichte beider Völker gesehen.

148

Die Kalenderautoren schreiben als Kinder ihrer Zeit ganz selbstverständlich über Volk, Führer und Reich. Ein einziges Mal folgt ihnen Weber auf diesem Wege: Der deutsche Adler drückt den Drachen in seinen Fängen zu Boden. (149) Im Kauz kehrt das Motiv später noch einmal wieder.

Eine besonders gelungene Folge von Zeichnungen steuert Weber zu der berühmten »Anekdote aus dem letzten preußischen Kriege« von Kleist bei, vier Federskizzen, die zum Besten der Weberschen Illustrationskunst gehören. (150,151,152)

Das Kriegsende kündigt sich in mehreren Bildern an. »Die alte Eiche« zeigt die Spuren des Sturms. (153) Der Himmel ist düster, das Wurzelwerk unterhöhlt. So erscheint die Eiche als Symbol des

149

150—152 Kleist, Anekdote aus dem letzten preußischen Kriege

153 Eiche

untergehenden Reiches. Die Gedanken des Künstlers gehen aber auch schon über das Kriegsende hinaus. »Die Kunstfreunde« würdigen zwischen Trümmern das gerettete Bild. (154,155,156) Daneben zwei Sätze Ernst Jüngers: »Der Mensch ist dem Material überlegen, wenn er ihm die große Haltung entgegenzustellen hat, und kein Maß und Übermaß der äußeren Gewalten ist denkbar, dem die seelische Kraft nicht gewachsen wäre. Und daraus kann jeder, der dazu fähig ist, den Schluß ziehen, daß im Menschen, im wirklichen Menschen, Werte lebendig sind, die nicht durch Geschosse und nicht durch Berge von Sprengstofftonnen zerstört werden können.«

Niekisch hatte recht, wenn er das Instinktive und Naturhafte bei A. Paul Weber herausstellte. Webers Bilder sind durchaus keine unmittelbare oder gar »treue« Übersetzung der Gedanken Niekischs. Weber selbst ist, sieht man genauer hin, kein Theoretiker oder Programmatiker. Um so erstaunlicher ist die Tatsache, daß er sich von Ideen so stark bewegen läßt. Im Grunde verwandeln sich seine Gedanken in Figuren, und diese Figuren beginnen schließlich eine Art von Eigenleben zu führen.

Niekisch unterzog das Reich der niederen Dämonen einer wahrhaft ätzenden Kritik. Im einzelnen mag er manches überzeichnet oder die Machtverhältnisse falsch eingeschätzt haben, aber im ganzen ist die Geschichtsdarstellung dieses Chronisten nur allzu zutreffend.

Es ist hier jedoch nicht der Ort, Niekischs Gedanken einer genaueren Prüfung zu unterwerfen; es geht um Weber. Weber sah sich durch Niekischs Ideen bewegt und gedrängt, über den Rand seiner Heide-, seiner Hans-Sachs- und Wandervogelwelt hinaus zu sehen.

154—156 Kunstfreunde

Niekisch führte ihm eine Sphäre vor Augen, die Weber ziemlich fremd war. Weber hatte sich zwar auch in der Kriegs- und Industriewelt umgeschaut und fleißig gezeichnet (82), er war aber, betrachtet man sich die frühen Arbeiten, immer noch auf dem Weg zu einer eigenen Handschrift. (157) Diese entwickelte er nicht an der Gegenwart, sondern an der Vergangenheit. Besonders gut läßt sich das an Webers kleinen Bändchen mit Hans Sachs' Fastnachtsspielen in der Reihe der »Zweifäuster-Drucke« veranschaulichen, die 1919—1921 im Verlag Erich Matthes, Leipzig und Hartenstein im Erzgebirge, erschienen. In diesen Bänden zeigt Weber zum erstenmal, wie vielseitig seine Begabung ist. Zu den Zweifäuster-Drukken gehören auch noch verschiedene andere Bücher, darunter »Das wunderbarliche Vogelnest« von Grimmelshausen, ein »Landfahrerbuch« von Hjalmar Kutzleb und Poccis »Zaubergeige«. Einband, Illustrationen und Druckanordnung wurden von Weber entworfen. In holzschnittartigen Zeichnungen knüpft er an deutsche Meister des 16. und 17. Jahrhunderts an, insbesondere an Dürer. Ein Dürer-Bekenntnis enthält auch die zu dieser Zeit von ihm benutzte APW-Signatur. (158)

Im Gegensatz zu Dürer bevorzugt Weber, wenn er Schelme und Bauern zeichnet, das Burleske, Groteske, ja auch Fratzenhafte, um das menschliche Gesicht wiederzugeben. Er zeigt Freude am Verschmitzten, Drastischen, Kräftigen, Groben und Durchtriebenen. (159,160) Dies ist seine Welt. Nicht umsonst hat Weber Bücher, Geschichten und Gedichte, die in dieser Tradition stehen, immer wieder gerne illustriert, ja mehr noch: er hat sie »gemacht«, ihr Gesicht geprägt, so gut und so gründlich, wie er es vermochte.

157 Eisenbahn

158 Hans Sachs, Der fahrende Schüler im Paradies

159—160 Hans Sachs, Der Roßdieb zu Fünsing

Niekisch hat die fleißige und gründliche Arbeitsweise Webers hervorgehoben. Jeder, der Webers Schaffen erlebte, kann dies bestätigen. So ist auch das Einbandpapier, das Weber für die Hans-Sachs-Büchlein wählte, sehr charakteristisch. In den rautenförmigen Feldern des Gitterwerks wiederholen sich vier Motive: der kahlhäuptige Schuhmacher mit dem Hammer, gegenüber, spiegelbildlich, derselbe Schuhmacher mit dem Schreibwerkzeug. Zwei weitere Rauten enthalten die Arbeitsrequisiten, einmal Schusterhammer und Schuh, zum anderen Tintenglas, Feder und Manuskript. Dies könnte als naheliegend abgetan werden. In der Feinarbeit steckt indes Webers Bekenntnis zum Handwerksfleiß — und übrigens auch zum geschriebenen Wort.

Es ist nicht Niekisch allein, der, fast gewaltsam, in Webers Künstlerwelt eindringt. Es läßt sich zeigen, daß Weber auch durch andere Geister bestimmt und gestimmt wurde. Die Tatsache, daß diese Geister, vor allem Ernst und Friedrich Georg Jünger, nicht völlig mit Niekisch übereinstimmen, verstärkt die Bewegung des Weberschen Geistes eher, als daß sie sie hemmt.

In den Jahren vor und nach der »Machtergreifung« unternimmt Niekisch ausgedehnte Reisen, die der vermögende Freund Toepfer finanziell unterstützt. Er knüpft Kontakte und unterrichtet sich, vor allem aber sucht er Bundesgenossen gegen Hitler. Niekisch kehrt von seinen Ausflügen nach Rußland, Schweden, Norwegen, England und Italien immer voll neuer Ideen zurück. In einem Falle nahm Weber an einer solchen Reise teil, die die beiden Freunde zwei Jahre vor ihrer Verhaftung nach Italien führte. Auf dieser Reise zeigt Weber, wie schon erwähnt, eher Sinn für das Beiläufige oder das Charakteristische als für Niekischs weltgeschichtliche Perspektiven. Wo aber durch des Gedankens Schärfe sein Auge ins Weite, Politische und Weltgeschichtliche gedrängt wird, dort sieht er, anders als Niekisch, nicht helle und klare Ziele, sondern es sind düstere Ahnungen und Sorgen, Gespenster des Schreckens, die »Angst vor dem großen Krieg«. Der Krieg bannt den Blick immer wieder von neuem. Keine Rede von Bejahung des Krieges, kein Inkaufnehmen des Krieges — um welch höherer Zwecke auch immer willen, sondern der Krieg erscheint als der Untergang, als der Tod in Großformat.

Wiederholt hat Weber in der »Widerstands-Zeit« seine schrecklichen Visionen zu Papier gebracht. Er sieht, viel stärker als Niekisch, vor und nach der Machtübernahme die Folgen des Nationalsozialismus, die neuen Materialschlachten, das neue Massengrab. Der Krieg erscheint wie ein übermächtiges Schicksal. Der unheimliche Soldat mit Helm, Maske und Bajonett durchstößt die Erdoberfläche. Städte und Dörfer — eine deutsche Landschaft — sind diesem furchtbaren Gulliver, den nichts zu fesseln vermag, ausgeliefert (»Ist es Schatten? ist's Wirklichkeit?«). Daß der Kriegsschrecken in diesem Bild in französischer Uniform erscheint, hat etwas mit Niekischs Widerstands-Ideologie zu tun. Zu diesem Zeitpunkt irrten sich Niekisch wie Weber in bezug auf die historischen Größenverhältnisse; doch für das Weber-Bild sind Maske und Kostüm Nebensache. Die Gefahr ist real.

Weber hat den Krieg immer wieder im Bilde der Materialschlacht des Ersten Weltkrieges gezeichnet. Eine Konzentration der Schrecken zeigt »Der letzte Privatier« (1944). Die private Insel mit Haus, Laube, Hühnern, Bienenstöcken und Gartenzwerg ist die letzte bewohnte und umfriedete Stätte in einem Meer des Todes, einem Trichterfeld mit zerstörten Gräben, Unterständen und Waffen. Die Kriegswelt, die den letzten Friedensbürger umgibt, der, alt und gebeugt, auf der Schwelle seines Hauses sitzt, ist eine Schädel- und Beinstätte. Ein Gerippe kauert an der Begrenzungsmauer; ein Mensch, der vergebens Schutz gesucht hat.

Weber hat in späteren Jahren einen künftigen Krieg mit Atomwaffen und Raketen ins Bild zu bannen versucht. Doch diese Bilder bleiben unwirklich, das Schreckliche überzeugt nicht in gleicher Weise, es ist abstrakt und künstlich wie Science fiction. Die beiden Weltkriege verschmelzen in Webers Darstellung. Wo der zweite Krieg gemeint ist, dort erinnern Uniformen und Umstände an die Westfront des Ersten Weltkrieges.

Der Schrecken des Krieges ist bei Weber so elementar, daß man ihm mit politischen und strategischen Überlegungen nicht beikommen kann. In diesem Punkt geht Weber andere Wege als die Theoretiker des »Widerstands«. Überhaupt ist dem Künstler alles Militärwissenschaftliche und Strategische fremd und verdächtig. Der Tod steht in der Gestalt der Generäle am Kartentisch des Generalstabs. Der Krieg ist das Chaos, und dieses ist weder zu planen noch zu berechnen. Wo Kolonnen marschieren, dort ist es eine Ordnung der Toten oder der Krüppel. Ordnung und Krieg sind für Weber unvereinbare Größen.

Vielleicht kommt in diesem Meer des Grauens das Anwesen des Privatiers, das einer Arche gleicht, noch einmal heil davon. Der Künstler jedenfalls, der unverdrossen seinen Garten bestellt und seinen Kohl anbaut, hofft es und klammert sich an die Erde. Im »Widerstand« hatte es 1934 »Hoppla Kultur« geheißen. Der Soldat findet im Trichterfeld zwischen Stacheldraht und Leichen ein Klavier und spielt vor dieser düsteren Kulisse. Uniform und Trichterfeld deuten auf den Ersten Weltkrieg. Für Weber war es offenbar ein Bild des Krieges schlechthin.

Kunst und Kultur sind nicht umzubringen. 1954 wählt Weber die Zeichnung als Titelbild für einen kleinen Bildband. 1944 (im Volkskalender von 1945) finden wir die Kunst wieder inmitten von Trümmern. Vielleicht erreicht der Maler das rettende Ufer (161), doch am Ende kann der Künstler mit seinen Bildern auch in ein brennendes Boot geraten. (162)

Die Verschiedenheit zwischen Weber und Niekisch ist im wesentlichen nicht eine solche der politischen Vorstellungen und Ideen, sondern zuallererst die zwischen dem Theoretiker und dem Künstler. So hilft die Feststellung, Weber habe vielleicht den russischen Kommunismus anders eingeschätzt und bewertet als Niekisch, nicht recht weiter. Es trifft zu, daß es bei Weber im Hinblick auf Rußland sehr kritische Blätter gibt, während Niekisch zwar auch Härten und Hunger sah, aber schließlich doch alles seiner Vision von der dritten imperialen Figur unterordnete.

Deutlicher tritt ein anderer Unterschied zutage: Mochte die Gegenwart, verdunkelt durch den Nationalsozialismus, für Niekisch auch noch so düster sein, seine Vision richtet sich auf Aufstieg, Verbesserung, auf ein Reich sozialer Wohlfahrt und Gerechtigkeit, das auf deutschem Boden verwirklicht wird und sich, gestützt durch ein Bündnis mit Rußland, gegen den fremdgeistigen, ausbeuterischen oder klerikalen Westen behauptet. Webers Gesichte, wenn wir dieses Wort zur Unterscheidung von Niekischs vergleichsweise einheitlicher und in abstracto harmonischer Vision verwenden dürfen, gehen andere Wege. Niekischs aufgeklärte und diesseitige Welt kennt das Böse in vielen Formen, vor allem als Profitgier, Ausbeutung, Gewalt, Lüge, Demagogie; Webers Welt kennt dies zwar auch, aber eigentlich noch etwas ganz anderes: das Untergründige und Unterirdische. Weber rechnet mit den Unterirdischen, er sieht in den Gewalten, den Machthabern und ihren Gefolgsleuten den Tod.

161 Gerettet

162 Das brennende Schiff

163 Der Sprung

Der Tod sitzt in den Wurzeln, der Tod hockt im Gemäuer, der Tod spielt Schach, der Tod bläst den Propagandaballon auf, und der Tod sitzt schon in den Rängen des Empires. Dem Tod entspricht der Abgrund, den weder der Reiter noch der schreckhafte Springer überwinden können. (163) Am Abgrund zittert der Ängstliche, der Blinde (»Deutschlands Weg«) wird mit dem nächsten Schritt stürzen. Tod und Abgrund zusammen bilden das Grab. Die Hände der Toten, zum Hitler-Gruß erhoben, recken sich aus den Gräbern. Der Massenaufmarsch ist zugleich ein Gräberfeld. Hinzu kommt das Dunkel. Das Dunkel von oben: der unheilschwangere Himmel über Deutschland, über den Schlachtfeldern, über Städten und Dörfern, Dunkel aber auch in der Tiefe, in den Abgründen und in den verrotteten Sümpfen und Gewässern. Ein Dunkel, in dem alles Lebendige stirbt, der Mensch, das Pferd, der Hecht. Der Tod erscheint endlich auch als Leichentuch, der Tod als Schnee, der Tod unter Stiefeln und der Tod der Armut. (164) Ein Totentanz allenthalben; der Tod schlägt die Glocke der Zeit. (165,166,167) Dies ist der Weg vom Begriff zum Bild. Die Dämonen werden konkret. Wo Niekisch noch einen Rettungsplan im Begriff faßte, dort sah Weber das Verhängnis. Es ist der Kontrast zwischen Begriff und Bild, zugleich aber auch der zwischen Zukunft und Gegenwart. Wenn Niekisch sein Ideal des gerechten und sozialen Staates, das zugleich ein Ideal staatlicher Eigenständigkeit enthielt, in seinen Gedanken vorwegnahm, dann blieb Weber bei der Gegenwart. Er sah die Zeichen kommender Schrecken ganz in der Nähe.

Verschieden ist auch ihr Lebensrhythmus. Während Niekisch voller Ungeduld drängt, sieht Weber still dem Geschick zu. Weber hat einen ausgeprägten Sinn für das Bleibende und Verläßliche. Die Zerstörung geschieht schnell, aber das Wachstum braucht Zeit. Das Schlimme hetzt, doch das Gute will gehegt und bewahrt sein. Pflanze, Tier und Mensch suchen Ruhe und Schutz. Hier ist eine Welt, die älter ist als alle ausgedachten Ideale.

164 Hunger

165 Glockenschläge

166 Glockenschläge

167 Glockenschläge

Niekisch und Weber stöbern das Böse in denselben Winkeln auf, sie reagieren auf die Gewalt des Bösen jedoch vollkommen unterschiedlich. Bei Niekisch sind Hohn und Verachtung die vorherrschenden Impulse, bei Weber eher Entsetzen, gelegentlich auch, aus der Sicherheit seiner Burg und Werkstube heraus, eine Schadenfreude denen gegenüber, die mit dem Schrecken ein Geschäft hatten machen wollen. Niekisch hat das Böse stets für subaltern gehalten, es sind die niederen Dämonen, mit denen er sich herumschlägt. Er betrachtet Leute wie Hitler, Göring und Goebbels als Geschmeiß, als Kulturbarbaren, Gauner, Gelichter. Was für die Führer gilt, trifft auch auf die Handlanger zu. Aus diesem Grund hat Niekisch zeitweilig den Fehler begangen, Hitler, den er nicht achten konnte, politisch zu unterschätzen. Weber sieht hingegen schon frühzeitig den Schrecken ins Übergroße wachsen. Die SA ist nicht zum Lachen, sondern eine tödliche Gefahr. Die braune Masse flößt Weber Angst ein; im Grunde ist für ihn jede Masse ein Schrecken.

Niekisch dagegen hält die Masse für lenkbar. Als Revolutionär möchte er sie ihrem Heil zugeführt sehen. Er rechnet nicht damit, von der Masse verstanden zu werden, denn er verabscheut jene Vereinfachung, mit der Demagogen wie Hitler die Masse beherrschen. Weber aber sieht in der Masse die Flut, das Gewimmel, einen Zug von Termiten, einen Andrang der Hungernden, einen gräßlichen Riesen, der mit zerstörerischer Gewalt in alte Parks und Schlösser einbricht.

Der Gesichtspunkt der Vornehmheit im Sinne von Anstand, Aufrichtigkeit und Ritterlichkeit spielt im Denken des »Widerstands-Kreises« keine geringe Rolle. Dies ist die entscheidende Tugend auch für eine moralische Politik. Diese Haltung ist gewiß auch durch Traditionen bestimmt, und Sebastian Haffner geht nicht fehl, wenn er Niekisch als einen bedeutenden Preußen charakterisiert.

Weber sieht in dem Vornehmen die Ausnahme, als dessen Feind die Masse mit ihren Fratzen auftritt. Der Platz, an dem die Masse sich versammelt, ist nicht ausschlaggebend. Die Masse marschiert, sie zieht mit Transparenten durch die Straßen, folgt einem Fetisch, brüllt auf dem Fußballplatz, füllt das Theater oder drängt sich im Museum oder in der Galerie. Immer ist sie gemein. Während Niekisch, ebenso wie Jünger, Gesinnungen kennzeichnet, zeigt Weber die sichtbare Gestalt. Die Gemeinheit in den Fratzen einer erbarmungslosen oder stumpfen Masse, das Vornehme in Einzelnen, die der Masse moralisch widerstehen. Der Land- und Heidemensch Weber gibt hier möglicherweise ein anderes Bild des Menschlichen als Jünger. Es wird nicht durch eine kriegerische oder intellektuelle Elite repräsentiert. Auch nicht der Weise, der von jedem brutalen Affen übertölpelt werden kann, verkörpert Webers Menschlichkeit. Das Menschliche und zugleich Vornehme ist bei Weber naiv, rein, unverdorben; scherzhaft gesprochen: eine Unschuld und Venus vom Lande. Überhaupt das Land! Kinder, Mädchen, Handwerker, Bäuerinnen und Bauern besitzen Webers Herz.

Niekisch berichtet in seinen Erinnerungen: »Im Jahre 1934 regte ich Weber an, eine Ausstellung seiner Arbeiten auf dem Brümmerhof zu veranstalten. Auf diese Weise wollte ich eine Gelegenheit schaffen, eine getarnte Widerstandstagung durchführen zu können. Aus allen Teilen des Reiches, auch aus Danzig, trafen Widerstandsanhänger ein. Zur Tarnung unserer politischen Hinterabsichten hielt ich einen Vortrag über Webers künstlerisches Werk; zu dem Vortrag hatten wir auch Gutsangehörige und Bewohner der Umgebung eingeladen. Danach setzten wir Eingeweihten uns zusammen und erörterten unsere politischen Sorgen und Pläne.«

Im Geheimurteil des Volksgerichtshofs vom 10.1.1939 im Prozeß Niekisch-Drexel-Tröger wird über dieses Ereignis wie folgt berichtet: »Die von Tröger [...] für September 1934 angekündigte Zusammenkunft fand tatsächlich im Oktober 1934 auf dem dem Hamburger

Kaufmann Töpfer gehörenden Brümmer-Hof in der Lüneburger Heide statt. Diese Zusammenkunft wurde durch Mitwirken des Widerstandskameraden Paul Weber, der Maler ist, als eine Ausstellung seiner Gemälde getarnt. Niekisch, der zu dieser ›Tagung‹ einlud, meinte in seinem Brief vom 3. August 1934 an Tröger, daß ›es dort ganz abgelegen sei, und man dafür sorgen müsse, daß unsere Leute erst im letzten Augenblick erfahren, wohin; sie müssen sich lediglich für Oktoberanfang bereithalten‹. Auf dieser Tagung, auf der Niekisch längere Ausführungen über die außenpolitische Lage machte, nahmen neben Tröger und Drexel u. a. die Widerstandskameraden Polin, Petras, Weber, Fischer sowie die beiden Jünger teil.«

Der angeklagte Niekisch hat die Darstellung des Gerichts bestritten, durch die ja übrigens nicht nur er belastet wurde. In seiner »Einlassung« steht, es habe sich tatsächlich um eine Kunstausstellung gehandelt, zu der er seine engsten Freunde eingeladen habe. Seine Erinnerungen bestätigen jedoch nachträglich die Befunde des Gerichts. Immerhin hat Niekisch, der mit der Arbeit seines Freundes Weber sehr vertraut war, bei dieser Gelegenheit öffentlich über dessen Kunst referiert. Von besonderem Interesse ist ferner die Anwesenheit der Brüder Jünger.

Beide Brüder, Ernst und Friedrich Georg, standen dem Kreis und der Zeitschrift nahe. Sie wurden zeitweilig (1929–1931) in der abgedruckten Liste der »ständigen Mitarbeiter« aufgeführt, an der Redaktionsarbeit waren sie jedoch nicht beteiligt. Wie gegenüber jeder Partei, Bewegung oder Gemeinschaft so verhielt sich Ernst Jünger auch zum »Widerstands-Kreis« voller Skepsis; seine Vorbehalte erstreckten sich vor allem auf dessen nationalrevolutionäre Bestrebungen. In einer wie selbstverständlichen Distanz verharrte auch Friedrich Georg Jünger. Die Tatsache, daß beide Brüder der Zeitschrift »Widerstand« bedeutende Beiträge anvertrauten, war eher ein Zeichen moralischer Übereinstimmung.

Mochten die Brüder Jünger auch gegenüber den politischen und geschichtsphilosophischen Auffassungen Niekischs eine ausgeprägte Selbständigkeit behaupten, im Kreis der »Widerstands-Autoren« besaßen sie allein schon wegen ihres literarischen Ranges, von Ernst Jüngers frühem Ruhm ganz abgesehen, eine Position, die allein mit der Niekischs verglichen werden kann.

Weber hat die Brüder beim Schachspiel gemalt. Das Spielbrett verbindet die beiden Porträts auf eine Weise, die ihre Freundschaft und geistige Verbundenheit deutlich werden läßt. Während Weber in den kaum noch vollständig erfaßbaren Schachbildern, die er später zeichnete oder lithographierte, immer Gegensätzliches ins Bild bringt, haben wir es hier bei aller Individualität und bei aller physiognomischen Verschiedenheit mit einem sichtbaren Einverständnis zu tun. Über das Verhältnis der Brüder zueinander erfahren wir bei Niekisch: »Mit Liebe und Verehrung pflegte er [Ernst] von seinem Bruder Friedrich Georg zu sprechen. Dieser war in seiner äußeren Erscheinung robuster. [...] Seine Geistigkeit hatte etwas Antik-Helles; er sah die Tiefe der Dinge klar, ohne mystische Vernebelung. Über ein Jahr hindurch stellte er sich als Hilfsredakteur dem Widerstand zur Verfügung. Etliche vortreffliche Aufsätze, wie z. B. der über Chaplin, entstammten seiner Feder. Es war für mich eine große Freude, wenn die beiden Brüder bei mir auftauchten. Es schien so, als ob sie viel auf mein politisches Urteil gaben; mich bereicherten die Gesichtspunkte und Bemerkungen, die sie zur Ausdeutung geistiger Vorgänge vorzubringen hatten.« Weber hat außerdem noch zwei weitere Porträts von Ernst Jünger gemalt, die etwas von dem Eindruck verraten, den der Schriftsteller auf Weber gemacht hat. (92, 93)

Niekisch nahm Webers Dienste, wie sich dies aus der Redaktionspolitik selbstverständlich ergab, für sich in Anspruch. Viele Weber-Bilder lassen sich auf diese Weise leicht den entsprechenden Niekisch-Äußerungen zuordnen. Bemerkenswert bleibt dennoch die Selbständigkeit und Eigenwilligkeit des Illustrators. Webers Bildgedanken gingen durchaus eigene Wege. (Diesen Umstand hat Rudolf Zeitler im Hinblick auf »Hitler — ein deutsches Verhängnis« in einer eigenen, noch unveröffentlichten Studie untersucht.) Weber ist, von Ausnahmen abgesehen, nicht als Jünger-Illustrator hervorgetreten, doch haben Ideen der Brüder Jünger Weber stark beeinflußt. Das Gedicht »Der Mohn«, das, wie wir hörten, Thomas Mann beeindruckte, nimmt eine ganze Reihe Weberscher Werke programmatisch vorweg:

[...] Widrig ist mir der Redner Geschlecht. Kalekutische Hähne / Höre ich kollern am Markt, höre ich scharren am Platz. / Gaukler treiben mit Worten ihr Wesen, Lügner sie deuteln, / Retter, sie retten den Trug, Ärzte, sie scheuen den Tod. / Wollt ihr betrügen das Volk, so schmeichelt ihm schamlos und lobt es, / Dient ihm mit Worten zuerst, eh ihr es redend beherrscht. / Hört, es schmeicheln Tribunen dem Volk, es jubeln Betrogne / Laut den Betrügern zu, die sie mit Netzen umgarnt. [...] / Feste seh ich und Feiern, ich höre Märsche, Gesänge, / Bunt ist von Fahnen die Stadt, immengleich summet der Schwarm. / Lauter als der Cherusker, der Romas stolze Legionen / Weihte der Nacht und dem Tod, stimmen den Siegruf sie an. [...] / Schmerzend hallt in den Ohren der Lärm mir, mich widert der Taumel, / Widert das laute Geschrei, das sich Begeisterung nennt.

Friedrich Georg Jünger veröffentlichte den Band »Gedichte« im Widerstands-Verlag, wo die ersten drei, von Weber ausgestatteten Auflagen 1934, 1935 und 1936 erschienen. Die Texte beziehen sich nicht minder deutlich auf die Gegenwart als Webers Zeichnungen. Gemeinsam ist den Männern des »Widerstands« auch die Überzeugung »Wer lehrt uns das Niedre vergessen? / Schärfer als Feuer und Stahl kränkt uns das Niedere doch.«

Der Dichter dieser Verse sucht seine Gedanken gleichzeitig in der Prosa kleiner Essays zu ordnen. Der letzte Jahrgang des »Widerstands« enthält Aufsätze, die die Folgen bedenken: »Dieser Zerfall der Wirklichkeit, der manche künstlerische Äußerung merkwürdig macht, in der alles Gestaltete sich zerlegt und zerbricht, umfaßt einen Bezirk, dessen Ausdehnung nicht vielen bewußt ist. In ihm waltet eine eigene Symptomatik, ein verräterischer Reichtum von Symptomen, denen allen doch nur eines, die fatale Beziehung aufs Ende, innewohnt.« In diesem Zusammenhang spricht F. G. Jünger auch über die Unaufrichtigkeit und über die Fatalität der nationalsozialistischen Propaganda: »Wer in unmäßigem Haß das Gesicht seines Feindes zur Grimasse verunstaltet, dem entgeht die wahre Kraft, die dessen Züge besitzen, der verliert auch die Kunst, ihn zu treffen. [...] So könnte nur ein oberflächliches, krankes Sehen zu dem Schlusse verführt werden, daß die wüste, wahllose Produktion in Wort und Schrift ein Zeichen des Reichtums sei. Bei näherem Zusehen würde sich alsbald herausstellen, daß dem ewig hungrigen Pöbel der Geister hier sein tägliches, karges Futter mit Hilfe der Rotationsmaschinen zugemessen wird, ein Geschäft voll saurer Armut, in dessen Tretmühlen hunderttausend Lohnsklaven der öffentlichen Meinung sich verbrauchen. Der Dumme glaubt immer, daß eine Sache, von der viel geredet wird, auch vorhanden ist, und verkennt, daß das Gegenteil viel wahrscheinlicher ist.«

Schließlich kommt der Verfasser auf den »Schauspieler« zu sprechen. Er täusche eine Wirklichkeit vor: »So sehen wir wohl auf einem Throne einen Menschen sitzen, der mit den Insignien der königlichen Würde bekleidet ist. Wenn wir aber genauer hinsehen, dann erkennen wir, daß dieser Mensch gar kein König ist, sondern ein Scheinkönig. Er trägt nur das Kostüm des Königtums, er spielt eine Rolle, er ist ein Schauspieler des Königtums. [...]

168 Mars und Venus

169 Mars und Venus

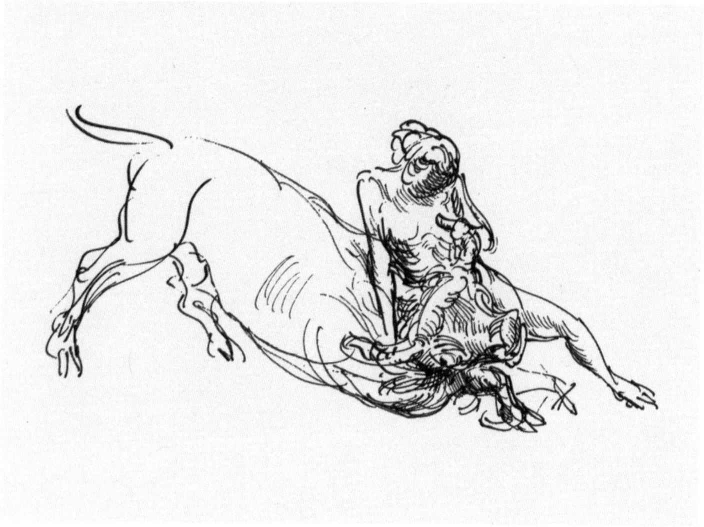

170—174 Europa und der Stier

Was geht dort vor, wo solche Vorgänge sich häufen, wo der Mensch auf Schritt und Tritt von Verfall und Betrug umgeben ist? Es kommt dahin, daß das Theater nicht mehr das Abbild einer gesunden Wirklichkeit ist, sondern daß die Wirklichkeit schlechtes Theater wird. Das Leben [...] wird trügerisch wie ein Sumpf, dessen Irrlichter den Unkundigen in die Tiefe hinabziehen.« Weber hat diesen Gedanken, über deren Gegenstand kein Zweifel sein kann, das Bild eines sich aufbäumenden, in einen düsteren Weber-Himmel hineinklagenden Pferdes mitgegeben. Dieses geschundene Wesen ist in seiner Vereinsamung und in seiner Größe sehend. Mit weit aufgerissenem Auge erblickt es das Verhängnis (»Das Grauen«).

Trotz verwandter Überzeugungen gibt es zwischen Friedrich Georg Jünger und A. Paul Weber erhebliche Unterschiede. Die Bibel und die klassische Antike besitzen für Weber, man mag es bedauern oder nicht, keine prägende Kraft mehr. Weber greift bis in die Hans-Sachs- und Dürer-Zeit zurück, selten nur weiter. Ein deutscher Barock ist ihm allerdings besonders genehm; seine Formen- und Figurenwelt ist weder klassisch noch klassizistisch. Die Säulen sind gestürzt. Nur wenige mythologische Gestalten leben auf Webers nordischer Bühne: Venus und Mars, Europa und ihr Stier. (168,169,170, 171,172,173,174) Diese Konstellationen gehören jedoch durchaus der Gegenwart an. So erscheint in Mars das Militärische in seiner Schwäche oder in seiner Überholtheit. Friedrich Georg Jünger hingegen sucht in der Antike einen Halt gegenüber dem Ungeist der Zeit. Sein Klassizismus ist die Ausnahme. Für den »Widerstands-Kreis« ist die Antike ein fremder Bezirk. Die Brüder Jünger betraten hier einen Weg, der sie von Niekisch, aber auch von Weber entfernte.

Das Werk Ernst Jüngers lag dagegen Weber näher. Beide hatten den Schrecken ins Auge gefaßt und kannten dessen Größe. Die Materialschlacht war ein Jünger-Motiv. Hier bedurfte es keiner Textzuordnung. Die Folgen der »Stahlgewitter« — und der düstere Ausblick auf neue Gewitter — sind Webersche Bildthemen. Dem ersten Krieg würden weitere folgen.

Eine gewisse Verwandtschaft zeigt sich auch im Einzelgängertum. Weder Jünger noch Weber fügen sich in die Organisation des »Widerstands-Kreises«, Jünger ganz und gar nicht, und Weber gehorcht nur den Forderungen des Tages. Trotzdem unterwirft er seine düsteren Phantasien durchaus nicht der gedanklichen und rationalen Disziplin Niekischs, was dieser sehr wohl weiß. Schließlich ist seine Natur, so wenig wie die Jüngers, auf einen Zusammenstoß mit den niederen Mächten eingestellt. Während Niekisch die verkörperte Kompromißlosigkeit ist, sucht Weber, militärisch gesprochen, die Deckung. Seinem ganzen Wesen nach ist Weber unmilitärisch, ja, bei ihm bricht immer wieder eine starke Abneigung gegen militärische Formen und Disziplin durch. So ist die Deckung, die er schließlich aufsucht, von der Jüngers sehr verschieden. Was für Jünger das Hauptquartier in Paris, das scheint für Weber das Garten- und Landwirtschaftsmilieu von Schretstaken und Apenrade zu sein.

Gewiß haben Niekischs Schriften Spuren in Webers Denken hinterlassen. Auch die Werke Ernst Jüngers prägen ihn. Niekisch nennt stets Roß und Reiter und nimmt zu den meisten Ereignissen und Personen in der deutschen und europäischen Politik Stellung. Jünger ist ungleich weniger in das politische Geschehen verstrickt. Er beobachtet die Entwicklungen, bedenkt die Folgen und analysiert kühler, als Niekisch dies tut. Er ist voller Aufmerksamkeit, auch moralisch engagiert, aber die Beobachtung sollte nicht unter einer Parteinahme leiden. Jünger betrachtet die Geschichte unter anderen Voraussetzungen. In den Kriegen sieht er Vulkanausbrüche, während Niekisch in der Geschichte das Wirken von Menschen erblickt, die sich an Grundvorstellungen nach Art der imperialen Figuren orientieren und die er unter den Maßstäben der Moralität beurteilt.

175 Mädchen mit Krug

Das Weibliche als Ideal
Tradition und Moderne
Weber-Gesellschaft

Das Militärische ist für Weber oft zum Thema geworden. Alles, was zur Organisation und zur Disziplin gehört, wird von ihm mit Argwohn betrachtet. Die große Zeit der Kriege ist vorüber, und was der Krieg noch bringen kann, ist weiter nichts als Schrecken. Der blinde Offizier tappt ins Dunkel und in den Abgrund, die Generäle besorgen das Geschäft des Todes. Ein versöhnlicher Zug liegt jedoch in der Frontkameradschaft aus der Perspektive des einfachen Soldaten. Weber hat für Jüngers »Krieger« keine Verwendung. (176) Auch für die traditionellen Tugenden des preußischen Offiziers, auf die sich Niekisch beruft, zeigt er wenig Sinn.

Jünger und Niekisch stimmen mit ihren Geschichtsphilosophien darin überein, daß sie eine dritte Stufe menschlicher Wirklichkeit suchen. Für Jünger ist es der »Arbeiter«, Niekisch baut auf den Gedanken des Freundes auf, wenn er seine »dritte imperiale Figur« konstruiert. Beiden ist die Überzeugung gemeinsam, daß die Epoche des Geld- und Wirtschaftsbürgertums vorüber sei — eine Überzeugung, die sich bereits bei Dostojewski, Nietzsche und Fontane findet und die hier eine Grundlage für geschichtsphilosophische und politische Entwürfe bildet. Im einzelnen gibt es Differenzen in der Bewertung der »bürgerlichen« Phase, aber die Abneigung gegen eine Welt, in der Rentabilitätsgesichtspunkte dominieren, teilt Weber mit den beiden nationalen Programmatikern. Der Unterschied — ein tiefer und sehr erheblicher Unterschied — liegt in der Vision (oder in der Theorie) des »neuen Menschen«. Die dritte Figur, der »Arbeiter«, kommt bei Weber nicht vor. In der humanen Vision Webers finden wir überhaupt nichts Männliches. Wenn irgend jemand über das Böse, über die Gier, den Haß triumphiert, dann ist es »das Mädchen« in der Gestalt der Venus oder einer sehr irdischen Madonna. (177) Dieser Gestalt gilt

176 Ritter

177 Mädchen auf dem Feld

178 Muttersprache

179 Die Prozession

180 Schach

der Haß der Menge und solch zeit- und lebensfremder Mächte wie der Kirche und der marschierenden Gewalt. Gelegentlich verleiht Weber dem Weiblichen mütterliche Züge.

181

Eine kräftige und gesunde Weiblichkeit ringt mit dem Finsteren, aber auch mit dem Tod. Das Leben, das dem Tod die Zeit streitig macht, ist unverkennbar weiblich.

182

Auch in diesem Punkt ist Weber mit seinen künstlerischen Instinkten der Natur näher als die politisch-militärische Welt um Niekisch und um Jünger. Während Vornehmheit und Ritterlichkeit die eigentlichen Maßstäbe Niekischs und Jüngers bilden, zeigen sich bei Weber bäuerliche Tugenden und Haltungen: Fleiß, Vorsicht und Bedächtigkeit, dazu Durchtriebenheit und List. (178) Deshalb hat die Opposition gegen eine fragwürdig gewordene Wirtschafts- und Lebensform ihre Grenzen. Die Utopien der totalen Mobilmachung und der radikalen Planwirtschaft finden in Weber keinen Anwalt. (179) Er bleibt auf der Seite des Begrenzten, des Überschaubaren und des Privaten. (180,181,182) Auf welche Formel

183 Die Spinne

man Webers Überzeugungen, wie sie in den Bildern sichtbar werden, auch immer bringen will, dem Massenhaften ist er unter allen Umständen abgeneigt. Er sieht in den großen Mächten riesige Kraken, die alles zu verschlingen drohen. (183) Eine in großen Flächen und weiten Räumen denkende »Geopolitik« bleibt ihm fremd.

So ist das Verhältnis zwischen Niekisch, Ernst Jünger und Weber wohl zu bedenken. Aus der Erinnerung kennzeichnet Jünger die Lage so: »Will man das Programm, das Niekisch im ›Widerstand‹ entwikkelte, auf eine dürre Alternative bringen, so etwa: gegen den Bürger, für den Arbeiter, gegen die westliche, für die östliche Welt. Zum Westen zählten Paris und der Versailler Frieden, Rom und der Katholizismus, England als Muster kapitalistischer und kolonialer Ausbeutung, auch die deutsche Sozialdemokratie. Gut aspektiert im Sinne des Ostens waren außer Rußland auch Preußen und sein Staatsdenken, die technische Planung, die machtpolitische Präzision im Sinn Machiavellis, die Volksarmee, wie sie Engels vorschwebte. Das fand seinen Niederschlag in der Zeitschrift und im Verlagswerk des ›Widerstandes‹, auch in den Bildern A. Paul Webers, in denen manches auf eine überraschend, ja bestürzend knappe Formel gebracht wurde.«

184

Sieht man diesen politischen Orientierungskatalog durch, so wird man feststellen, daß Weber in seiner

185 Balance

künstlerischen Produktion dem Programm nicht ohne Vorbehalte folgt. Bemerkenswert ist hingegen die Tatsache, daß die »Britischen Bilder« ganz und gar dem »Widerstands-Programm« entsprechen.

Was nun den »Osten« anlangt, so decken sich Webers Bilder und das Programm nur in einigen Punkten. Weber sah wie Niekisch eine militärische Gefahr für das Reich in Frankreich und nicht in Rußland. Er teilte die Sympathie für »Preußen« (184), aber man zögert schon, wenn von Staatsdenken die Rede ist, denn der »Staat« erscheint bei Weber als korrupte Justiz und schleichende Bürokratie. (185) »Machtpolitische Präzision« war Weber ebenso verdächtig wie jede Armee, mochte es auch eine »Volksarmee« sein. Lediglich den einfachen Soldaten achtete Weber, der hochentwickelte Apparat moderner Armeen blieb ihm zeitlebens suspekt. Weber hat, wo er Begleittexte zu seinen Bildern auswählte, wiederholt aus Schriften Ernst Jüngers zitiert. Die Auszüge sind Belege für die gemeinsame Grundlage in einem elementaren Humanismus. Den Ausführungen Jüngers hätte er zweifellos zugestimmt, der in seinem Brümmerhof-Aufsatz schreibt: »Daß intelligente Menschen, die noch Recht und Unrecht unterscheiden können, sich inmitten der Verwirrung als Freunde erkennen [...], zeugt nicht nur für sie und ihre innere Freiheit, sondern für das humane Wesen überhaupt. Und Gutes kommt uns nur von ihm.«

Die Persönlichkeit und das Schicksal Niekischs haben Ernst Jünger wiederholt beschäftigt. Wie sein Bruder sieht er in ihm den Gegensatz zu Hitler. Sein Urteil über Hitler ist nüchtern. Er sagt ihm nach, daß er »die Unbefangenheit des Technikers gegenüber dem rechtlichen und sittlichen, dem natürlichen und dem historischen Wert« besitze. »Das gibt ihm Vorsprung; er triumphiert mit Hilfe der Propaganda [...].«

Jünger faßt ebenso wie Weber den fatalen und inhumanen Mißbrauch der Technik ins Auge; dabei kommt ein Punkt zur Sprache, der auch für Webers Fatalismus bestimmend ist: der Erfolg des Bösen. Jünger über Niekisch: »Zuvor muß gesagt werden, daß der Mann hielt, was er versprach, auch wenn ihm der Erfolg versagt blieb, ja gerade dann. Von der Einsamkeit, die ihn umgab, hatte ich schon eine Vorstellung gewonnen, als der Prozeß vor dem Volksgerichtshof gegen ihn begann. Nicht nur dem Gegner war standzuhalten, sondern auch dessen ungeheuren Erfolgen in der Innen- und Außenpolitik.« Die deutsche Form der Erfolgsanbetung schlägt sich übrigens auch in der Urteilsbegründung des Niekisch-Prozesses nieder: »Wer noch im Jahre 1936 nach den gewaltigen Erfolgen des Nationalsozialismus sich gegen diesen und gegen sein Vaterland vergeht, verdient keine milde Beurteilung.« Diese Denkweise, die Opportunismus und Majorität mit Recht verwechselt, ist selten so offen ausgesprochen worden. Der Satz, der Niekischs Schicksalsgefährten Joseph Drexel betrifft, könnte gut und gern den Kommentar zu vielen Weber-Bildern abgeben.

Niekischs und Jüngers Ideale sind männlich. Webers Menschlichkeit hat weibliche Züge. (186,187) Wo das Männliche nicht in der Gestalt der Bösen triumphiert, der Schieber, Betrüger, Peiniger, Despoten und Demagogen, dort bleibt ihm die Rolle des Unterlegenen, des Gefangenen, Zusammengeschossenen, Sterbenden. Die hellen Sterne in dieser düsteren Welt sind weiblich: Sünderin, Venus und Madonna. (188,189,190) Wäre Weber katholisch, könnte man von einer Marienverehrung sprechen. In Webers Ideal herrschen optisch das Lichte, physisch das Gesunde, moralisch das Natürliche und Unschuldige, ästhetisch das Zarte und Gefällige vor. (191) In der weiblichen Idealität, wie Weber sie sieht und gestaltet, treten die Momente des Individuellen und des Vitalen zurück. Irdischer werden Webers Frauengestalten immer dann, wenn sie kämpfen müssen: mit dem Krieg (Mars) und mit dem Papst. Diese Repräsentanten männlich bestimmter Institutionen erfahren die überlegene Kraft derber und sinnlicher Weiblichkeit, der nichts widersteht.

186 Das lange Warten

187 Das lange Warten

188 An der Quelle

189 Das lange Warten

190 Die Äpfel des Eremiten

191 Holzfäller

Webers Sinnlichkeit ist natürlich und lebensfreundlich. Mit lutherischem Zorn geißelt er jedoch das Laster in unserer asphaltierten und betonierten Welt. Ein Beispiel dafür ist die Lithographie »Geschäft mit dem Sex«. Sie zeigt eine Bücherpyramide, die von bedenkenlosen Händlern und lüsternen Kunden umringt wird. Auf dem Gipfel macht eine schlangenmenschartige Nackte einen Kopfstand. Diese Pose ermöglicht es, frontale und rückwärtige Reize gleichzeitig ins Bild zu bringen. In einem anderen Fall (»Auf der Messe«) interessieren sich Bücherfreunde vor allem für Erotisches.

Webers richterliche Strenge gegen geschlechtliche Freizügigkeit findet in dem Bild »Vernissage« einen extremen Ausdruck: Ein abstrakt deformiertes, augen- und hirnloses Publikum bewundert ein

192

Kunstgebilde, das eine scheußliche Kombination aus Phallus und Brüsten zeigt. Ein gleichermaßen abstoßendes Symbolgebilde sehen wir auf der Lithographie »Liebespaar an der Costa Brava«. Ein phallischer Betonturm dient dem »Liebespaar«, das in unvorteilhafter Blöße, nur mit Armbanduhr und Hornbrille bekleidet, die Freuden des sonnigen Südens genießt, als Urlaubsaufenthalt. Zwischen Unsinnskunst und Pornographie bestehen für Weber Verbindungen. Selbst beim Bestsellerrennen siegt das Laster. Blasiertheit und

193 Der junge Kaspar

Hirnlosigkeit sind Attribute einer ungeliebten Moderne, die, wie bei Picasso, Webers Bannstrahl trifft. (192) Die Gründe für diese Bitterkeit liegen auf der Hand. Es hat ihn verletzt, daß seine künstlerische Eigenart und sein strenger Kunstfleiß bei einem Teil der Kritik und bei manchem Kunstverwalter nicht die verdiente Würdigung fanden. War es dem Künstler nicht gegeben, mit Worten auszudrücken, wie er Ungerechtigkeiten empfand, so zeichnete er sich den Ärger von der Seele. Auf diese Weise sind einige Blätter entstanden, die sich mit Akademien und Künstlern, mit Kunstpreisen und Mäzenen, Kritikern und dem Publikum beschäftigen. (194) Weber war sich darüber im klaren, daß seine Beständigkeit nicht nur seine Stärke, sondern auch ein Nachteil war. Er blieb bei seinem Realismus, während die Abstrakten einander am Kletterbaum der Moderne zu übertrumpfen suchten. (195) So hielt er es in einer Zeichnung fest. Zugleich konnte er seiner Freunde sicher sein. (196) Am meisten freute sich Weber über den Beifall der Jüngsten. Mehrmals zeichnete er Kinder, die in die Betrachtung seiner Bilder vertieft sind. (197)

Auf den Wegen der Kunstgeschichte ist Weber ein Einzelgänger. Er hat keine Akademie besucht, hat nirgendwo zu Füßen eines bedeutenden Lehrers gesessen und sich auch nie einer Schule oder einer Richtung angeschlossen. Damit ist über den Wert seiner Werke überhaupt nichts gesagt. Einzelgängertum kann Kraft und Originalität bedeuten, es kann aber auch Schwäche und Dilettantismus anzeigen. Die Weber-Kritik ist in dieser Frage keineswegs einhellig. Es gibt Autoren, die nachdrücklich für den Künstler Partei nehmen; es gibt aber auch Kritiker, die im Werk des Schretstakeners keinen guten Strich finden. Unter den kritischen Würdigungen, die zu vorwiegend günstigen Einschätzungen gelangen, sind vor allem die Studien Rudolf Zeitlers und Hans Holländers zu nennen.

194 Es ist alle, Herr Professor!

195 Der Kunst-Baum

196 Das Ereignis

197 Im Atelier

Erwähnenswert ist auch der Weber-Artikel im »Lexikon der Kunst«, veröffentlicht 1978 in Leipzig.

Wenn sich Weber auch keiner Schule zuordnen läßt, so ist doch die Suche nach historischen oder zeitgenössischen Mustern berechtigt. Niekisch äußert sich in seinen Erinnerungen auch zu diesem Punkt: »Die Stärke der Weberschen Begabung lag in der Graphik. Stilistisch war er nicht ganz originell; man konnte die Spuren der Vorbilder feststellen, an welche er sich hielt, Goya, Daumier, Doré, Menzel und Kubin hatten ihn allerlei gelehrt.« Niekisch drückt sich bei der Kennzeichnung der Abhängigkeit berechtigterweise vorsichtig aus. Bei anderen Autoren finden wir in erster Linie Hinweise auf Goya, Daumier und Kubin, dies mitunter auch in dem Sinne, daß in Webers Werk geradezu eine Erneuerung der Kunst Goyas und Daumiers und eine wesensmäßige Übereinstimmung mit Kubin gesehen wird. (198) Der genannte Lexikonartikel verweist auf weitere Beziehungen, formuliert aber ebenfalls vorsichtig. Die Feststellungen des anonymen Autors verdienen zitiert zu werden: »Besonders in den nach 1945 entstandenen hellsichtigen Zeitanalysen erweist er sich als satirischer Darsteller eigener Prägung, hinter dem die Erfahrungen eines H. Daumier, F. Goya, G. Grosz und A. Kubin ebenso stehen wie die des Surrealismus und des magischen Realismus. Bei Weber vereint sich die Zeitkritik mit romantisierend elegischen Tendenzen, darin folgt er der Jugendstiltradition, auch in ihrem Idealismus (bis zu nationalistischen Irrtümern), in ihrem Vorbehalt gegen die Massen, bis zu Stileigentümlichkeiten, die naturalistische Detailverliebtheit, altmeisterlich korrekte Ausführung des 19. Jahrhunderts weiterführen.« Die Aufzählung der kunstgeschichtlichen Bezüge ist gewiß nicht vollständig; so nennen Zeitler und Holländer weitere Anklänge, etwa Breughel, Dürer,

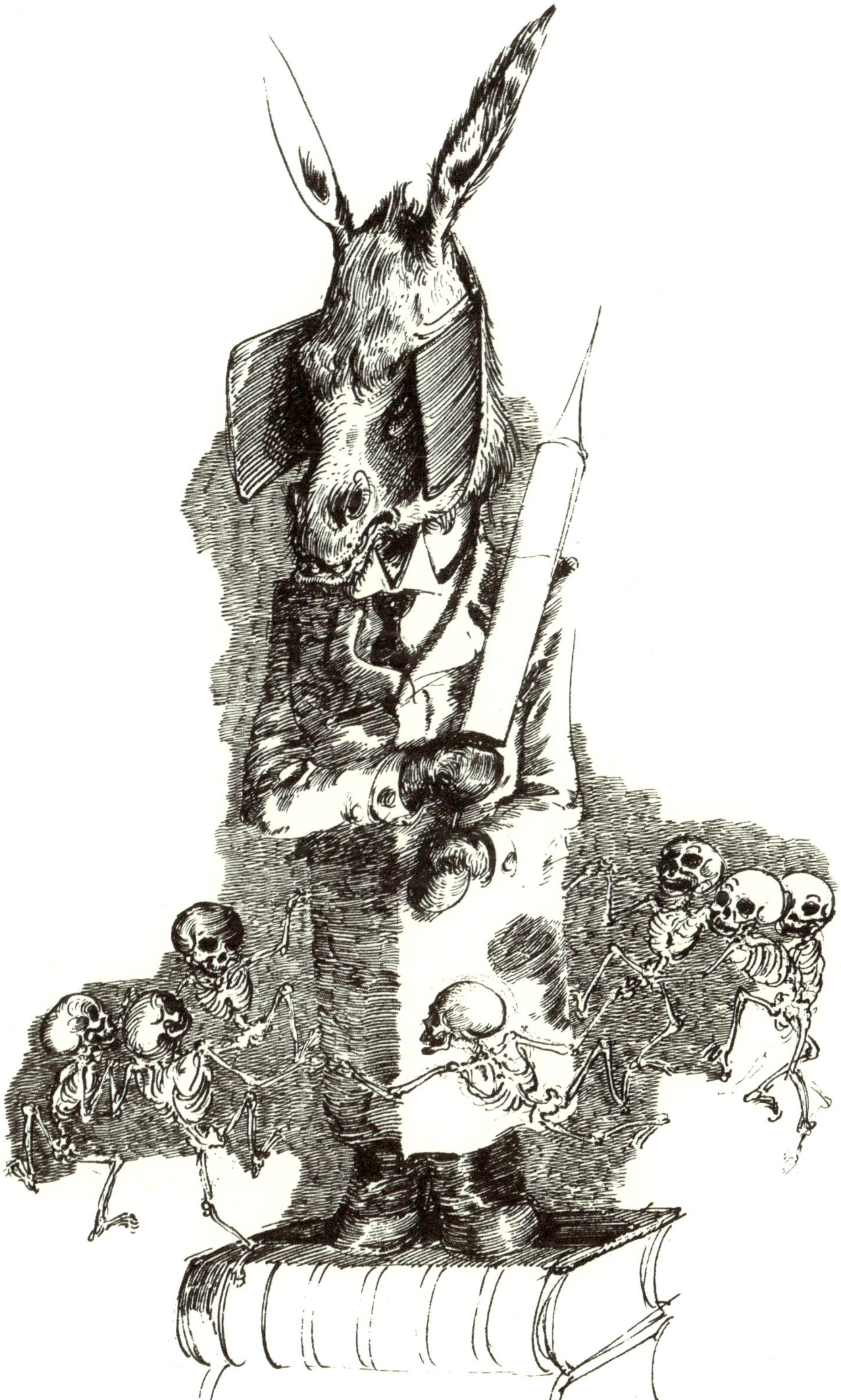

198 Im guten Glauben

Callot, Grandville, Kaulbach, Wilhelm Busch und Klinger. Wenn wir recht sehen, so nehmen die Weber-Kritiker am meisten die Bezugnahme auf Goya, Daumier und Kubin übel, als habe Weber den Anspruch erhoben, der Goya oder Daumier des 20. Jahrhunderts zu sein. So eifrig der fleißige Künstler die genannten Meister auch studiert und offen beispielsweise seine Vorliebe für Goya bekundet hat, es besteht doch kein Anlaß, Weber ausschließlich danach zu beurteilen, wie weit er mit den genannten Meistern übereinstimmt. Tatsächlich sind trotz aller inhaltlichen und technischen Anklänge die Unterschiede sehr erheblich. Über den Rang des Weberschen Werkes wird die Geschichte noch zu entscheiden haben, seine künstlerische Eigenart indes kann auch eine gegenwärtige Analyse durchaus zu erfassen versuchen.

Im weitesten Sinne ist Webers Kunst dem Realismus des 20. Jahrhunderts zuzurechnen, wie ihn die große Ausstellung in Paris im Jahre 1981 präsentierte. (199) Der Zug zum Desillusionieren ist ihm ebenso eigen wie die Bereitschaft, die neu aufbrechende Barbarei nicht zu beschönigen, sondern zur Kenntnis zu nehmen; damit verbindet sich eine gewisse Darstellungslust gegenüber dem Schrecklichen. Daß bei Weber, wie der angeführte Lexikonartikel meint, romantisierende Züge vorhanden seien, ist richtig; stärker jedoch ist ein ornamentaler Neubarock. Die Sichtung seines Werkes wird ferner beachten müssen, daß Weber die Figurenwiederholung und das Figurenspiel liebt. Figurale Kombinationen erprobt er bis hin zu den entlegensten Varianten. Dies können wir im dichtesten zeitlichen Zusammenhang beispielsweise beim Rollenspiel von Europa und dem Stier oder bei der Zopf-Szene Münchhausens verfolgen. (200, 201, 202, 203, 204, 205) Weber hält an seinen Figuren über weite Zeitabstände hin fest. (206, 207) So begegnet uns immer wieder das Dreieck des Schritts, am eindrucksvollsten und schrecklichsten in der Parade der Kriegsverletzten. Wir treffen auch sonst im Werk figurale Wiederholungen: Wegweiser, Wetterfahne, der aufgespießte Mensch, das sinkende Schiff, die wartende Frau am Meer und vieles andere mehr.

199 Der Mann, der das Gras wachsen hört

200—201 Münchhausen — Am Schopf aus dem Sumpf

202 Münchhausen — Der Bär

203 Münchhausen — Am Schopf aus dem Sumpf

204 Münchhausen — Das Kuchenreutersche Gewehr

205 Münchhausen — Das halbierte Pferd

206 Reineke Fuchs — Im Walde

207 Reineke Fuchs — Die Predigt

Was komplexe und vielfigurige Bilder anlangt, so hat es Weber offenbar geliebt, ein und dasselbe Bild mit geringfügigen Variationen — nie als exakte Kopie — noch einmal durchzuzeichnen. Vielleicht ist dies ein Symptom dafür, daß für Weber das Bild selbst doch wichtiger ist als ein ideologischer oder politischer Anlaß. Gelegentlich wechseln dann tatsächlich die Embleme, und man hat diese Beobachtung zu Webers Nachteil als Anpassungsfähigkeit zu deuten versucht. Das Phänomen ist jedoch viel allgemeiner, als daß man aus den Fassungen eine jeweilige politische Position des Künstlers ablesen könnte. Es handelt sich dabei um den Primat des Bildes und des Ästhetischen vor den Inhalten.

Ist im Zusammenhang mit Weber von Realismus die Rede, dann muß man sich in erster Linie auf seine Darstellungstechnik konzentrieren. Daß er Phantasiertes und Konstruiertes in die Bilder aufnimmt, ist erst in zweiter Linie von Bedeutung. Vielmehr muß man bei den Betrachtungen von den dargestellten Menschen, Tieren, Pflanzen, Gebäuden und Gegenständen ausgehen. (208, 209) Webers Objekt-

208

209 Hase und Igel

210 Paar

211 Die Freunde

212 An der Brücke

gestaltung ist weder plastisch noch architektonisch. Der menschliche Körper ist nicht anatomisch und von innen her aufgebaut. Leib und Gliedmaßen behalten etwas Strömendes und Unbestimmtes. Ein entblößter Arm wird nicht durch die Gelenke gegliedert, er fließt vielmehr aus Hals und Schulter heraus. Dieser fließende Charakter läßt sich auch bei den dargestellten Tieren beobachten. Webers Lieblingstier, der Fuchs, bekommt so die Qualität größter Geschmeidigkeit. Selbst die vielen Skelette, eigentlich Grundtyp gelenkbestimmter Struktur, teilen die Flexibilität des Weberschen Fleisches. (210, 211, 212) Das Ergebnis ist jedoch nicht, wie man erwarten sollte, ein Eindruck der Schwäche. In den Fluß der Gliedmaßen hinein strömt, wo es gebraucht wird, die nötige Kraft, die, als Folge der malerischen Behandlung, weniger mechanisch erscheint als organisch und vital. Dadurch wird die nackte Frau dem streitbaren Kleriker (»Humanae vitae«) im Ring überlegen, obwohl der klammernde Arm sich im Unbestimmten verliert.

213

Auch dort, wo Architektur im Bilde erscheint, hat sie Weber nicht architektonisch behandelt, nicht von innen her aufgebaut. Ihr Grundriß und ihre geometrischen Eigenschaften sind ziemlich gleichgültig. Entweder begegnet sie uns im Kleinformat, wie beim »Privatier«, als etwas Gewachsenes und den Pflanzen Verwandtes oder, insbesondere bei der modernen Großarchitektur, als Kulisse (»Liebling der Menge«, »Botanik 2000«).

Diese Eigenschaften einer unverwechselbaren Handschrift, die weiche und organische Form verbunden mit dem behutsamen Strich, der sich noch in ornamentalen Gebilden und in Zierleisten wiederfindet, erzielt das, was wir Webers malerischen Realismus nennen möchten. (213) In dieser Hinsicht sind das polemische, nach außen gewandte Werk und das unpolemische, das innere Werk miteinander vollkommen einig. Die besondere Webersche Bildlichkeit ist in beiden Sphären dieselbe. Wer eine andere Darstellungsform vom Schretstakener Künstler erwartet oder fordert, der bleibt enttäuscht. Doch die Gerechtigkeit verlangt, daß man Weber eine Natur nicht wegdisputiert, die er zeitlebens in seiner Kunst besessen hat.

Es ist nicht ungewöhnlich, daß ein Künstler Verehrer und Anhänger findet. Ungewöhnlich ist indessen, daß sein Werk schon zu Lebzeiten in einem Museum gesammelt wird, das seinen Namen trägt. Dies ist der Fall bei dem Weber-Haus auf der Dominsel zu Ratzeburg. Die Verwaltung des Hauses liegt in den Händen des Kreises Herzogtum Lauenburg. Die parlamentarischen und die administrativen Instanzen des Kreises, in dem A. Paul Weber seinen Wohnsitz hatte, haben, unterstützt vom Lande Schleswig-Holstein, dem Weberschen Werk eine Stätte geschaffen, die der Eigentümlichkeit des Künstlers besonders gerecht wird. Wer vom Markt aus über das Kopfsteinpflaster zum Ratzeburger Dom wandert, der kommt jetzt am Weber-Haus vorüber, das auf einem grünen Seegrundstück zwischen den letzten kleinen Häusern der Stadt und dem alten Herrenhaus frei auf dem Hang über dem Ratzeburger See liegt. (214)

Die Eröffnung des Hauses wurde im Jahre 1973 in Anwesenheit des damaligen Bundespräsidenten Heinemann, der sich als Freund der Weberschen Kunst bekannte, feierlich begangen. Die verschiedenen politischen Kräfte in Bund und Land, vor allem aber auch im Kreis, waren dem Unternehmen wohlgesonnen und förderten es energisch. Dies alles wäre vermutlich nicht möglich gewesen, wenn Weber nicht eine so breite Zustimmung im Land, insbesondere aber auch bei Politikern in der Bundeshauptstadt gefunden hätte. Eine Bonner Galerie setzte sich besonders für das Webersche Werk ein, und in Bonn wurden mehr Weber-Ausstellungen als an irgendeinem anderen Platz in Deutschland veranstaltet. Weber ließ die Restauration und die Einrichtung des Hauses nicht nur einfach geschehen, sondern er plante und gestaltete mit, wo er konnte. So verrät das Weber-Haus in vielen Einzelheiten die Hand des Meisters und ist insofern auch in seiner sichtbaren Gestaltung ein Zeugnis seines Kunstsinnes, der sich in einer Vorliebe für das Feste und Gediegene bekundet. Weber hat bis zu seinem Lebensende die Ausstellungen des Hauses betreut.

Eine weitere Eigentümlichkeit liegt darin, daß im Zusammenhang mit der erwünschten Förderung des Hauses und seiner Sammlungen bereits 1974 eine A.-Paul-Weber-

214 Das Weber-Haus in Ratzeburg

Gesellschaft ins Leben gerufen wurde. Der Künstler hatte im Vorstand der Gesellschaft Sitz und Stimme, er entwarf das Gesellschaftswappen und sogar die Drucksachen, die zum Eintritt ermuntern. Es ist hier nicht der Ort, die kurze Geschichte dieser Gesellschaft aufzuzeichnen. Erwähnenswert bleibt noch, daß ein Weber-Freund und -Förderer, der evangelische Bischof Hermann Kunst, auf den ausdrücklichen Wunsch Webers hin der Gesellschaft seit 1975 vorsteht.

In diesen Formen einer offiziellen Konsolidierung durch das Haus und die Gesellschaft mochten manche einen Akt der Anpassung Webers an die bundesdeutsche Wirklichkeit und womöglich auch an alle Mängel dieser Wirklichkeit sehen. Wie so oft waren auch hier die Tatsachen, aus der Nähe betrachtet, etwas anders. Die Aufgeschlossenheit und die Freude an seinem Werk, die in den erwähnten Aktivitäten ihren Ausdruck fanden, waren dem Künstler begreiflicherweise willkommen. Vor allem schätzte er die Möglichkeit, im Hause mit den Freunden seiner Kunst persönlich bekannt zu werden. Doch so wenig es dem »Widerstands-Kreis« Jahrzehnte zuvor gelungen war, Weber zu »organisieren«, so wenig gelang dies der Weber-Gesellschaft. Im Grunde seiner Seele ließ sich Weber nirgendwo einreihen, und auch gegenüber der nach ihm benannten Gesellschaft, die sein Werk nach Kräften zu fördern suchte, blieb er, was er stets gewesen war: ein Einzelgänger mit seinen eigenen Gedanken und Gesichten.

Abkürzungen

A A. Paul Weber: 100 Ausschnitte aus Handzeichnungen und Lithographien. München 1975. Zitiert nach Bildnummern.

B A. Paul Weber: Retrospektive zum 85. Geburtstag. [Katalog des Rheinischen Landesmuseums Bonn.] Köln 1978. Zitiert nach Bildnummern.

BB A. Paul Weber: Britische Bilder [1941]. Zitiert nach: Volksausgabe. Berlin 1943. Zitiert nach Bildnummern.

F A. Paul Weber: Zeichnungen, Holzschnitte und Gemälde. Mit einer Einführung von Hugo Fischer. Bd. 1 [mehr nicht erschienen]. Berlin 1936. Zitiert nach Bildnummern.

G A. Paul Weber: Werkverzeichnis der Griffelkunst. Holzschnitte und Lithographien von 1939 bis 1981. Hrsg. v. Erich Arp. Hamburg 1981. Zitiert nach Bildnummern.

H A. Paul Weber: Hoppla Kultur. 50 Bilder zur Herrlichkeit unserer Zeit. Gütersloh 1954. Zitiert nach Bildnummern.

Ill. Illustration

K Kritischer Kalender [1959 bis 1981]. Zitiert nach Jahrgängen.

KG A. Paul Weber: Kritische Graphik. Handzeichnungen und Lithographien aus vierzig Jahren. Hamburg 1973. Zitiert nach Bildnummern.

KW Kunst im Widerstand. A. Paul Weber. Politische Zeichnungen seit 1929. Hrsg. v. Werner Schartel. Berlin, Hamburg 1977. Zitiert nach Bildnummern.

L. Lithographie

M A. Paul Weber: Mit allen Wassern. Neue Geschichten vom alten Fuchs. Frankfurt/Main 1960. Zitiert nach Bildnummern.

N Deutscher Volkskalender Nordschleswig [für die deutsche Volksgruppe Nordschleswigs, hrsg. v. Hans Schmidt-Gorsblock. Mitarbeit A. Paul Webers seit 1932]. Zitiert nach Jahrgang und Seitenzahl.

Q Kritischer Kalender. Querschnitt I. 160 Lithographien von A. Paul Weber. München 1981. Zitiert nach Bildnummern.

R A. Paul Weber: Graphik. Einführung von Georg Ramseger. Oldenburg, Hamburg 1956. Zitiert nach Bildnummern oder Seitenzahlen.

W Widerstand. [Zeitschrift; erschien als Monatsschrift von Juli 1926 bis zum Verbot im Dezember 1934. Untertitel 1926 bis 1928: Blätter für sozialistische und nationalrevolutionäre Politik; seit 1929: Zeitschrift für nationalrevolutionäre Politik. Hrsg. v. Ernst Niekisch u. a.; seit 1931 war A. Paul Weber Mitherausgeber; Mitarbeit A. Paul Webers seit 1929.] Zitiert nach Jahr, Monat und Seitenzahl.

WG I Gerd Wolandt: Bild und Wort. Überlegungen zum Werk A. Paul Webers. Hamburg 1977. (Schriften der A. Paul Weber-Gesellschaft, Bd. I).

WG II Friedrich Wilhelm Schoberth: A. Paul Weber. Ein Verständigungsversuch. Hamburg 1978. (Schriften der A. Paul Weber-Gesellschaft, Bd. II).

WG III Rudolf Zeitler, Hans Holländer, Gerd Wolandt: Studien zum Werk von A. Paul Weber. Hamburg 1979. (Schriften der A. Paul Weber-Gesellschaft, Bd. III).

WG IV Arnold Köster, Günter Lapp: Begegnungen mit A. Paul Weber. Hamburg 1982. (Schriften der A. Paul Weber-Gesellschaft, Bd. IV).

Z. Zeichnung (Federzeichnung, Rohrfederzeichnung)

Quellenangaben und Bildverweise

(die vorangestellten Ziffern beziehen sich auf die Buchseiten)

10 »Rückgrat raus!« (L. 1960)
In: B 164, K 1961, KG 42, KW 122.

15 »Es ist der Versuch gemacht worden, mit Hilfe von Ausschnittvergrößerungen . . .«
A. Paul Weber: 100 Ausschnitte aus Handzeichnungen und Lithographien. (Einführung Renate Marzolff, Aufnahmen Hans-Jürgen Wohlfahrt). München 1975.

22 »Weil er wacher und tiefer als die meisten seiner Zeitgenossen . . .«
Hermann Kunst: Predigt in der Trauerfeier für Professor A. Paul Weber am 14. 11. 1980.
In: A. Paul Weber zum Gedächtnis 1893 bis 1980 (hrsg. v. der A. Paul Weber-Gesellschaft, nicht im Buchhandel).

27 »Zu spät« (L. 1959)
In: A 73/74, B 260, K 1964.

27 »Antonius predigt den Fischen« (Ill.)
In: F 43, R 39, W, September 1934, S. 304.
»Antonius predigt den Fischen« (L. 1961)
In: B 39, K 1962, KG 18, WG III, S. 9.

44 »Da geht sie hin, die gute alte Zeit« (L. 1970)
In: K 1972.

45 ». . . Illustrationen zur Hitler-Broschüre . . .«
Ernst Niekisch: Hitler — ein deutsches Verhängnis. Mit Zeichnungen von A. Paul Weber. Berlin 1932. Ohne Zeichnungen in: Ernst Niekisch: Politische Schriften 1965. (Nachdruck mit Zeichnungen: Bremen 1981).

46 »Triumphzug der unsterblichen Dummheit« (L. mehrere Fassungen 1949/1962)
In: K 1963, KG 10, KW 85, R 82; Z. 1948/49: vgl. Monsheimer, APW, 1949, S. 29.

49 »Die Brillenknupperer« (L. 1964)
In: K 1965, WG I, S. 13.

51 Vgl. Hermann Krämer: Im Namen des Volkes. Graphische Ansichten von A. Paul Weber. Hamburg 1982.

59 »Selbst wenn er erzählte . . .«
Hermann Kunst: Predigt am 14. 11. 1980.

59 »Das Verhältnis zwischen Bild und Wort . . .«
Vgl. Gerd Wolandt: Bild und Wort. Überlegungen zum Werk A. Paul Webers. Hamburg 1977.

64 »Eine der schönsten Grimmelshausen-Illustrationen . . .«
In: Grimmelshausen: Der abenteuerliche Simplicissimus. Gütersloh 1970. S. 245. Auch in: WG I, S. 6.

64 ». . . bei einigen bescheidenen Jugendschriften . . .«
Beispiele: Georg Gellert: Das Goldene Tor. Dresden 1923. Ferdinand Emmerich: Der Walfischfänger. Dresden 1924.

67 »Die ›heiligsten Güter‹ . . .«
»Völker Europas — rettet eure heiligsten Güter« (L. 1956)
In: K 1962, WG II, S. 11.

88 ». . . Thomas Mann in seinem Schweizer Exil . . .«
Vgl. hierzu auch Thomas Manns Brief an Gottfried Bermann Fischer vom 4. 12. 1934. In: ders., Briefwechsel mit seinem Verleger. Frankfurt/Main 1975. S. 709. (Taschenbuch-Ausgabe).

113 »Der Volksgerichtshof unter dem Vorsitz . . . verurteilte Niekisch am 10. Januar 1939 . . .«
Das Geheimurteil ist abgedruckt in: Rückkehr unerwünscht. Joseph Drexels »Reise nach Mauthausen« und der Widerstandskreis Ernst Niekisch. Hrsg. v. Wilhelm Beyer. München 1980. S. 185 ff.

116 ». . . das Buch des Flamen August Borms . . .«
August Borms (1878 bis 1946), flämischer Politiker und Publizist, setzte sich für ein unabhängiges Flandern ein und suchte in beiden Weltkriegen die Unterstützung Deutschlands. 1919 zum Tode verurteilt. Die Strafe wurde in lebenslange Haft umgewandelt. 1929 nach der Wahl zum Abgeordneten freigelassen. 1945 erneut zum Tode verurteilt und 1946 erschossen. Über August Borms: Anne Baeyens in: Encyclopedie van de Vlaamse Beweging. 1973. S. 217—219.

124 »Es war ein zuvor nicht gehörter Ton, wenn Hitler einen Wirtschaftstheoretiker . . . lobte: . . .«
In: Adolf Hitler: Mein Kampf. 489.—493. Aufl. 1939. S. 229.

142 »Ellenbogenstoßbrigade« (L. 1964)
In: A 66, K 1965.

144 »Weber war ein großer, schlanker Mann . . .«
In: Ernst Niekisch: Erinnerungen eines deutschen Revolutionärs. Köln 1974. (Bd. 1: Gewagtes Leben, 1889 bis 1945). S. 143.

144 »Das Dämonische zog ihn an . . .«
In: Ernst Niekisch: Erinnerungen eines deutschen Revolutionärs, a.a.O., S. 144.

146 ». . . der Widerstandsverlag hatte große Vorteile . . .«
In: Ernst Niekisch: Erinnerungen eines deutschen Revolutionärs, a.a.O., S. 144.

146 »Erstaunlicherweise konnte der Widerstand . . .«
In: Ernst Niekisch: Erinnerungen eines deutschen Revolutionärs, a.a.O., S. 250.

146 ff. »Beim Übergang über die Grenze . . .«
In: Ernst Niekisch: Erinnerungen eines deutschen Revolutionärs, a.a.O., S. 144 f.

148 »Sein einfaches Gemüt . . .«
In: Ernst Niekisch: Erinnerungen eines deutschen Revolutionärs. Köln 1974. (Bd. 2: Gegen den Strom, 1945 bis 1967). S. 297.

163 ». . ., strebte man keine Grenzrevision an, . . .«
In: N 1945, S. 18.

163 ». . . die Besetzung Österreichs . . .«
In: N 1939, S. 17.

164 ». . . Brief Webers an den Freund . . .«
Zitiert bei: Günter Lapp, WG IV, S. 54; ähnlich ein Brief aus der Nürnberger Haft vom 14.10.1937 (WG IV, S. 44).

164 »In Briefen bekennt er seine Anhänglichkeit . . .«
Brief A. Paul Webers vom 2. 4. 1945. In: WG IV, S. 54.

164 ». . . Anacker-Gedicht . . .«
Heinrich Anacker (geb. 1901), aus der Schweiz stammender nationalsozialistischer Lyriker (»Die Trommel«, »Die Fanfare«).

201 ». . . eine Ausstellung seiner Arbeiten auf dem Brümmerhof . . .«
In: Ernst Niekisch: Erinnerungen eines deutschen Revolutionärs. Bd. 1, a.a.O., S. 144. — Der entsprechende Bericht Ernst Jüngers »Ausgehend vom Brümmerhof« findet sich in: Scheidewege. Bd. 4. 1974. S. 612.

201 f. ». . . für September 1934 angekündigte Zusammenkunft . . .«
In: Rückkehr unerwünscht, a.a.O., S. 230.

202 »In seiner ›Einlassung‹ steht . . .«
Vgl. das Geheimurteil in: Rückkehr unerwünscht, a.a.O., S. 293 f.

203 »Über das Verhältnis der Brüder zueinander erfahren wir bei Niekisch: . . .«
In: Ernst Niekisch: Erinnerungen eines deutschen Revolutionärs. Bd. 1, a.a.O., S. 188.

204 »Das Gedicht ›Der Mohn‹, . . .«
In: Friedrich Georg Jünger: Gedichte. Berlin: Widerstands-Verlag 1934. S. 60—63.

204 »Kalekutische Hähne«
Truthähne. Vgl. Grimms »Deutsches Wörterbuch«. Bd. 5. 1873. S. 62.

210 »Das Grauen« (Z.)
In: F 42, W, September 1934, S. 144.
»Das Grauen« (L. 1963)
In: B 124.

210 f. »Beide hatten den Schrecken . . .«
Vgl. Karl Heinz Bohrer: Die Ästhetik des Schreckens. München, Wien 1978, besonders Kap. II.

222 »Den Ausführungen Jüngers hätte er . . .«
Ernst Jünger: Ausgehend vom Brümmerhof. In: Scheidewege. Bd. 4. 1974. S. 631.

229 »Geschäft mit dem Sex« (L. 1970)
In: K 1972.

229 »Auf der Messe« (L. 1968)
In: K 1974, als »Lizenzen« A 88.

229 »Vernissage« (L. 1971)
In: K 1972, Q 178.

229 »Liebespaar an der Costa Brava« (L. 1969)
In: K 1970.

236 »Niekisch äußert sich in seinen Erinnerungen . . .«
In: Ernst Niekisch: Erinnerungen eines deutschen Revolutionärs. Bd. 1, a.a.O., S. 144.

254 »Organisiert« (L. 1969)
In: K 1969, Q 92, WG III, S. 52.

Verzeichnis der Abbildungen

1 Zwischen den Stühlen (Z. 1956)
46 x 36 cm
Monogrammiert unten links: W
Signiert unten rechts: A. Paul Weber
Datiert: Entstehung, 1956
In Privatbesitz
(L. 1952: A 8, G 62, K 1963, WG III, S. 23; Z.: R, S. 2)

2 Fortschritt (Z. 1961)
64 x 53 cm
In Privatbesitz
(L.: G 85, K 1962)

3 Neubau (Z.)
44 x 57 cm
In Privatbesitz
(vgl. Monsheimer, APW, 1949, S. 19)

4 Die Trinkerin (L. 1975)
76,3 x 64 cm
Im Stein unten rechts monogrammiert: W
Im Stein unten links datiert: 11. 7. 1975
Signiert: A. Paul Weber
In Privatbesitz
(B 25, K 1976, WG III, S. 63)

5 Goethe, Reineke Fuchs. Zweiter Gesang — Bär. Vier Skizzen (Z. 1975)
55 x 43,3 cm
In Privatbesitz

6 Zwischen den Stühlen. Skizze (Z.)
62,7 x 48,5 cm
In Privatbesitz

7 Zwischen den Stühlen. Skizze (Z.)
56 x 45,3 cm
In Privatbesitz

8 »Soll ich — oder soll ich nicht?« (1975)
Monogrammiert unten rechts: W
Datiert unten rechts: 13. 3. 75
(Beitrittsformular der A. Paul Weber-Gesellschaft)

9 Auf der Kugel (1956)
Monogrammiert unten links: W
(R 1)

10 Chronos im Atelier (Z.)
44,4 x 57 cm
In Privatbesitz
(vgl. Chronos zu Gast, in: R, S. 5)

11 Das Spiel (Z. 1956)
62,7 x 49,2 cm
Datiert unten rechts: 29. 5. 56
(vgl. R 2)

12 Der Gefangene. Schach mit sich selbst (L.)
65,5 x 53,8 cm
Signiert unten rechts: A. Paul Weber
In Privatbesitz
(K 1972, WG I, S. 9)

13 Schach. Fuchs und Löwe. (Kohle. 1977)
34,7 x 47 cm
Monogrammiert unten rechts: W
Signiert unten rechts: A. Paul Weber
Datiert unten links: 6. 3. 77
In Privatbesitz

14 ». . . und kommen nach kurzer Pause wieder« (L. 1955)
50 x 40 cm
(W, September 1934, S. 196/B 125, KG 4)

15 Deutsches Verhängnis. Ältere Fassung (Z. 1932)
27,2 x 34,6 cm
In Privatbesitz
(die bekannte Fassung in: W, Februar 1932, S. 46 und »Hitler — ein deutsches Verhängnis«, 1932, S. 11; weitere Z.: H 5; L.: B 113, K 1963, KG 11, KW 12, Q 37)

16 Fuchs und Igel (L. 1976)
63,8 x 52,5 cm
Im Stein unten rechts monogrammiert: W
Signiert unten rechts: A. Paul Weber
Datiert unten links: 24. 4. 1976
In Privatbesitz

17 Die Liebhaber (L. 1975)
65 x 53 cm
Im Stein links monogrammiert (W) und rechts datiert (3. 1. 75)
Signiert unten rechts: A. Paul Weber
In Privatbesitz
(K 1976)

18 »1000,—« (Z.)
48,3 x 62 cm
Signiert unten rechts: A. Paul Weber
Beschriftet unten rechts: 1000,—
In Privatbesitz

19 Ex Libris Anneliese Wilkens
Monogrammiert links: APW
Datiert rechts: 1918
Ratzeburg: Weber-Haus

20 Aus den Büchern von Ursula Finck von Finckenstein, geb. Behr-Negendank (Exlibris)
Monogrammiert unten Mitte: APW
Ratzeburg: Weber-Haus

21 Der große Orgellöwe (L. 1979)

22 Porzellan-Kauz. Signet

23 Fuchs und Henne (Wandteller. Ø 24 cm)

24 Bucht bei Apenrade (Z. 1943)
47 x 59,5 cm
Beschriftet unten links: An der Bucht von Apenrade (Mai 1943)
Ratzeburg: Weber-Haus
(WG IV, S. 55)

25 Ziehbrunnen (Z.)
41,8 x 51,8 cm
In Privatbesitz

26 Wegweiser (Z.)
61,5 x 46,3 cm
In Privatbesitz

27 Hitler — ein deutsches Verhängnis. Anzeige (W, Februar 1932, 3. Umschlagseite)

28 Blick auf Windsor (Z. 1939/40)
39,8 x 53,6 cm
In der Zeichnung monogrammiert: W
In Privatbesitz
(BB 30, KW 43)

29 Freiwild. Skizze
42,2 x 55,6 cm
In Privatbesitz
(Z.: BB 20)

30 Die Fuchsjagd. Skizze
36,7 x 52,1 cm
In Privatbesitz
(Z.: BB 27)

31 Am Maschinengewehr (Z.)
40,8 x 50,8 cm
In Privatbesitz

32 In der Wüste (Z.)
44,5 x 58,5 cm
In Privatbesitz

33 Signet des Widerstands-Verlags und der Zeitschrift »Widerstand«

34 Signet der Clan-Presse

35 Hammerschläge (L. 1971)
76 x 63,8 cm
In der Zeichnung unten rechts monogrammiert: W
Signiert unten rechts: A. Paul Weber
Stempel der Clan-Presse unten links
In Privatbesitz
(B 88, K 1972, KG 35, Q 123, WG I, S. 24)

36 Ausstellungsplakat Reykjavík 1977
59,8 x 42 cm
In Privatbesitz
(unter Verwendung von L.: Der Kauz APW, 25.3.1975, K 1976)

37 Goethe, Reineke Fuchs. Vierter Gesang — Die Galgenrede. Skizze (Kohle. 1977)
50,3 x 59,5 cm
In Privatbesitz

38 Goethe, Reineke Fuchs. Vierter Gesang — Die Galgenrede (L. 1977)
64 x 76,2 cm
Im Stein unten rechts monogrammiert: W
Signiert unten rechts: A. Paul Weber
Stempel der Clan-Presse unten links
In Privatbesitz
(B 215)

39 Goethe, Reineke Fuchs. Sechster Gesang — Reineke und Bellyn (Kohle. 1977)
45 x 33 cm
Signiert unten rechts: A. Paul Weber
Datiert unten links: 18. 5. 77
In Privatbesitz

40 Fuchs und Narr (Z. 1960)
37,8 x 49,4 cm
In Privatbesitz

41 Schloß und Park (Z.)
48,8 x 64,3 cm
In Privatbesitz

42 Der Marschtritt (Z. 1950)
41 x 50,5 cm
In Privatbesitz
(L.: K 1963)

43 Der Krüppel (Z. 1970)
22 x 19 cm
Monogrammiert: W
Signiert unten rechts: A. Paul Weber
In Privatbesitz
44 Der Geist der Zeit —, denn sie wissen nicht, was sie tun (Z. 1960)
36,4 x 50,9 cm
In Privatbesitz
(L.: M 52)
45 Jedem das Seine (L. 1963)
65 x 77 cm
Signiert unten rechts: A. Paul Weber
Stempel der Clan-Presse unten links
In Privatbesitz
(B 229, K 1964, KG 44)
46 Häuserzeile (Z.)
In: Wilhelm Scharrelmann: Hinnerk der Hahn. Ein Roman für Jung und Alt. Mit Zeichnungen von A. Paul Weber. Berlin 1930. Titelseite
47 Erste Umschlagseite von: Widerstand. Berlin, Jg. 9, Januar-Dezember 1934
48 Vignette. In: Widerstand. Berlin, Jg. 6, November 1931, S. 341
49 Die kleine und die große Gerechtigkeit (Z.)
In: W, Dezember 1931, S. 359
50 Friedrich der Große und der Teufel (Z.)
In: Josef Winckler: De olle Fritz. Bremen 1926
51 Friedrich der Große (Z.)
In: Josef Winckler: De olle Fritz. Bremen 1926
52 Köln
In: Hans Bäcker: Begegnungen eines Deutschen. Berlin 1930, S. 53
53 Augsburg
In: Hans Bäcker: Begegnungen eines Deutschen. Berlin 1930, S. 47
54 Chilehaus in Hamburg
In: Hans Bäcker: Begegnungen eines Deutschen. Berlin 1930, S. 15
55 Malmedy (um 1931)
Öl auf Holz
Aabenraa (Dänemark): Jugendhof Knivsberg
Foto: Wolfram Venohr, Hamburg
56 Tondern, Rathaus und Christkirche (um 1931)
Öl auf Holz. 46,5 x 75 cm
Aabenraa (Dänemark): Jugendhof Knivsberg
Foto: Wolfram Venohr, Hamburg
57 Kirchenburg in Siebenbürgen (um 1931)
Öl auf Holz. 46,5 x 78,5 cm
Aabenraa (Dänemark): Jugendhof Knivsberg
Foto: Wolfram Venohr, Hamburg
58 Straßburg, Münster (um 1931)
Öl auf Holz. 46,5 x 87,5 cm
Aabenraa (Dänemark): Jugendhof Knivsberg
Foto: Wolfram Venohr, Hamburg
59 Claus Heim (Ill.)
In: W, Oktober 1931, S. 297
60 August Julius Langbehn (um 1931)
Öl auf Holz. 39 x 35 cm
Monogrammiert: APW
Aabenraa (Dänemark): Jugendhof Knivsberg
Foto: Wolfram Venohr, Hamburg
61 Der letzte Privatier (L. 1956)
54 x 69 cm
In der Zeichnung unten rechts monogrammiert: W
Signiert unten rechts: A. Paul Weber
Stempel der Clan-Presse links unten
In Privatbesitz
(H 17, KG 14, R 59, WG I, S. 11/Z.: 1944)
62 Europa und der Stier auf dem Seil (Z.)
38,5 x 55,5 cm
In der Zeichnung unten links monogrammiert: W
Signiert unten rechts: A. Paul Weber
In Privatbesitz
63 Buchhandel (Z.)
41,7 x 59,3 cm
In Privatbesitz
64 Illustration
In: Giuseppe Prezzolini: Das Leben Nicolò Machiavellis. Mit Holzschnitten von A. Paul Weber. Dresden 1929, S. 35
65 Völkerversöhnungskonjunktur — [Alfred] Kerr und Thomas Mann (Z. 1930)
17,3 x 22,3 cm
In der Zeichnung unten rechts monogrammiert: W
(abgedruckt in: Wilhelm Stapel: Literatenwäsche. Mit Zeichnungen von A. Paul Weber. Berlin 1930, S. 114)
66 Gerhart Hauptmann undurchlöchert (Ill.)
In: Wilhelm Stapel: Literatenwäsche. Mit Zeichnungen von A. Paul Weber. Berlin 1930, S. 55
67 Initiale »N«
In: Giuseppe Prezzolini: Das Leben Nicolò Machiavellis. Dresden 1929, S. 3
68 Initiale »D«
In: Giuseppe Prezzolini: Das Leben Nicolò Machiavellis. Dresden 1929, S. 55
69 Buchausstattung
Leopold von Ranke: Zwölf Bücher Preußischer Geschichte. Berlin 1929
70 Anzeige zu: Friedrich Georg Jünger: Gedichte.
In: W, November 1934, 4. Umschlagseite
71 Rotbuche bei Schretstaken (1946)
Öl auf Leinwand, 103,5 x 123 cm
In Privatbesitz
72 Der Student (um 1931)
Öl auf Holz. 41 x 30 cm
Monogrammiert: APW
Aabenraa (Dänemark): Jugendhof Knivsberg
73 Prag (um 1931)
Öl auf Holz. 46 x 75 cm
Monogrammiert: APW
Aabenraa (Dänemark): Jugendhof Knivsberg
74 Wien mit St. Stephan (um 1931)
Öl auf Holz. 62 x 128,5 cm
Aabenraa (Dänemark): Jugendhof Knivsberg
75 Thorn, Rathaus (um 1931)
Öl auf Holz. 46,5 x 75 cm
Aabenraa (Dänemark): Jugendhof Knivsberg
76 Danzig, Krantor (um 1931)
Öl auf Holz. 46 x 72 cm
Aabenraa (Dänemark): Jugendhof Knivsberg
77 Porno (um 1970)
Öl auf Leinwand. 85 x 75 cm
Monogrammiert: W
In Privatbesitz
78 Publikum (um 1970)
Öl auf Leinwand. 98 x 123 cm
In Privatbesitz
79 Ernst Niekisch (um 1966)
Öl auf Leinwand. 90 x 80 cm
In Privatbesitz
80 Memelland (um 1931)
Öl auf Holz. 46 x 75 cm
Monogrammiert: APW
Aabenraa (Dänemark): Jugendhof Knivsberg
81 Hoyerkanal in Nordschleswig (um 1931)
Öl auf Holz. 56 x 40,5 cm
Aabenraa (Dänemark): Jugendhof Knivsberg
82 Industriegebiet in Oberschlesien (um 1931)
Öl auf Holz. 46 x 75 cm
Monogrammiert: APW
Aabenraa (Dänemark): Jugendhof Knivsberg
83 Hermann Ruprecht, Redakteur und Verleger (um 1928/29)
Öl auf Leinwand. 75 x 70 cm
In Privatbesitz
(F 67)
84 Schreinermeister Hestermann (1936)
Öl auf Leinwand. 52,2 x 50 cm
Monogrammiert: APW und datiert: 1936
In Privatbesitz
85 Stilleben mit Katze (1978)
Öl auf Leinwand. 85,5 x 75 cm
In Privatbesitz
86 Eselreiter
Öl auf Leinwand. 90 x 79 cm
In Privatbesitz
87 Pastor Johannes Schmidt-Wodder (1931)
Öl auf Leinwand. 108 x 95 cm
In Privatbesitz
(WG IV, S. 53, sw)
88 Hans Schmidt-Gorsblock (um 1930—1936)
Öl auf Leinwand. 85 x 72 cm
In Privatbesitz
(WG IV, S. 33 und S. 62, sw)
89 Garten und Haus von Gorsblock (um 1933)
Öl auf Leinwand. 56 x 71 cm
In Privatbesitz
(WG IV, S. 58, sw)

90 Der alte Schimmel (um 1956/57)
Öl auf Leinwand. 80 x 93 cm
Ratzeburg: Weber-Haus
91 Hofecke Gorsblock (1937)
Öl auf Leinwand. 38 x 43 cm
In Privatbesitz
92 Ernst Jünger auf dem Brümmerhof (um 1935)
Öl auf Leinwand. 89,5 x 79,5 cm
In Privatbesitz
(F 88, sw)
93 Ernst Jünger in Goslar (um 1936)
Öl auf Leinwand. 95 x 85 cm
In Privatbesitz
94 Christian Weber (1941)
Öl auf Leinwand. 85 x 75 cm
Monogrammiert: W und datiert: 41
Ratzeburg: Weber-Haus
(N 1943, S. 63, sw)
95 Toni Weber (um 1925)
Tempera auf Papier. 33,5 x 32 cm
Monogrammiert: APW und betitelt: Toni
In Privatbesitz
96 Dreimal APW (um 1965–1970)
Öl auf Leinwand. 90 x 111 cm
In Privatbesitz
97 Der Wegweiser (Z. 1937)
26,8 x 32,2 cm
Datiert unten links: Nbg. [Nürnberg] 1937
In Privatbesitz
(L.: B 189, K 1976, Q 14, WG III, S. 59 – dort kommentiert)
98 Gudrun-Saga. Wikingerschiff (Ill.)
In: N 1943, S. 17
99 Gudrun-Saga. Mädchen am Meer (Ill.)
Signiert unten rechts: A. Paul Weber
In: N 1943, S. 101
100 Kameraden (Ill.)
In: N 1936, S. 42 (1934 oder 1935 entstanden)
(vgl. F 9, WG IV, S. 48)
101 Blutende Grenze (Ill.)
In: W, Januar 1932, S. 19
102 Ist es Schatten? ist's Wirklichkeit? (Ill.)
In der Zeichnung unten rechts monogrammiert: W
In: W, November 1934, zwischen S. 400 und 401
(L. 1965, B 128)
103 Grauen vor dem Westen (Ill.)
In der Zeichnung unten rechts monogrammiert: W
In: W, Dezember 1932, S. 371
(L. 1961, B 119)
104 Des deutschen Volkes Weg (Ill.)
In der Zeichnung unten rechts monogrammiert: W
In: W, April 1931

105 »Geldsäcke zu bewachen – soll das der Kampf für Deutschlands Freiheit sein?« (Ill.)
In: W, Juli 1932, S. 220
106 Die Begegnung (Ill.)
In der Zeichnung unten links monogrammiert: W
In: W, September 1932, S. 265
107 Der deutsche Mitteleuropäer: »Ich zerschmettere Euch mit meinen Ideen über die großen Möglichkeiten zu einer neuen, besseren und friedenssichernden Ordnung Europas!« (Ill.)
In der Zeichnung unten links monogrammiert: W
In: W, Juni 1932, S. 165
(L. 1965, B 117)
108 Essenholer (Kohle. 1941)
51 x 38,8 cm
In der Zeichnung unten rechts monogrammiert: W
Beschriftet unten links: »Skizze zu den Bildern ›Soldatengeist‹«
Datiert unten rechts: 3.2.41
In Privatbesitz
109 Waage (Z.)
34,3 x 39,8 cm
In Privatbesitz
110 Der Spiegel (Z.)
44,6 x 58,5 cm
In der Zeichnung unten links monogrammiert: W
In Privatbesitz
111 Tod in Paestum (Z. 1935)
54,8 x 39,8 cm
In der Zeichnung unten rechts monogrammiert: W
Signiert unten rechts: A. Paul Weber
In Privatbesitz
(Säule und Tod auch in: Klagelied, 1948, G 39)
112 Der morsche Baum (Z.)
48 x 60 cm
In Privatbesitz
113 Wer hat, der hat (Z.)
In: W, März 1932, S. 92
114 Untergehende Welt (Z.)
In der Zeichnung unten links monogrammiert: W
In: W, November 1931, S. 333
115 Hofecke (Z.)
60 x 47,5 cm
In Privatbesitz
116 Weg zum Hof von Hans Schmidt-Gorsblock (Z.)
In: Hans Schmidt-Gorsblock: Menschen zwischen zwei Meeren. Husum 1977, S. 20
117 Posten am Kreuzweg (Z.)
In: Hans Schmidt-Gorsblock: Menschen zwischen zwei Meeren. Husum 1977, S. 102
118 Poltawa
Öl auf Leinwand
In Privatbesitz
Foto: Wolfram Venohr, Hamburg

119 Akt (Z.)
45,7 x 56 cm
In Privatbesitz
120 Am Weiher (Z. 1958)
46 x 58 cm
In Privatbesitz
121 Werdende Mutter (Z.)
32,7 x 25,2 cm
In der Zeichnung unten links monogrammiert: APW
In Privatbesitz
122 Ernst Niekisch (Bleistift. Um 1931/32)
35,5 x 25 cm
In Privatbesitz
(KW 133)
123 Erscheinung im Drahtverhau (Z.)
In: Stecowa: Phantastisches und Übersinnliches aus dem Weltkrieg. Berlin 1932, S. 113
124 Bauer, wach auf! (Z.)
In: W, Oktober 1930, S. 297
125 Südliche Architektur (Z.)
63,7 x 50,4 cm
In Privatbesitz
126 Auf der Heide (Ill.)
In: N 1942, S. 83
127 Der deutsche Soldat schreibt Geschichte (Z.)
In der Zeichnung unten links monogrammiert: W
In: N 1941, S. 17
128 Tischrede (Z. 1975)
22,5 x 19 cm
Signiert unten rechts: A. Paul Weber
In Privatbesitz
129 Titelblatt des »Deutschen Volkskalenders Nordschleswig«
Jg. 12, 1937
130 Kalendarium
In: N 1937, S. 5
131 Der Tod zieht einen Baum hinab (Z.)
66,2 x 50,5 cm
In der Zeichnung unten links monogrammiert: W
Signiert unten rechts: A. Paul Weber
Betitelt unten links: Das junge Bäumchen
In Privatbesitz
132 Anregung zu neuem Hausrat: Schwerer, tiefer Lehnstuhl aus Kiefernholz, dunkelbraun und gelb gebeizt mit Sitz- und Rückenpolster
In: N 1937, zwischen S. 96/97
Entwürfe für Truhen
In: N 1944, S. 67 unten
133 Entwurf eines Diploms für einen jungen Bauern (Ill.)
In: N 1939, S. 65
(vgl. WG IV, S. 43 ff.)

134 Um seinen Kohl (Z.)
In: N 1945, S. 67
(Z. »Um seinen Kohl«, 1943, bei Monsheimer, APW, 1949)
135 Kutsche. Ill. zu Hans Schmidt-Gorsblock »Die Hochzeit«
In: N 1945, S. 48
136 Der Briefschreiber (Z.)
In der Zeichnung unten links monogrammiert: APW
In: N 1944, S. 109
137 Der Fähnrich (Z.)
In der Zeichnung unten rechts monogrammiert: W
In: N 1941, S. 3
138 Stürmender Soldat (Z.)
In: N 1942, S. 3
139 Ill. zu Hans Schmidt und Margot Johannsen »Die alte Straße«
In: N 1944, S. 79
140 Ill. zu Hans Schmidt und Margot Johannsen »Die alte Straße«
In: N 1944, S. 85
141 Ill. zu Hans Schmidt und Margot Johannsen »Die alte Straße«
In: N 1944, S. 83
142 Ill. zu Hans Schmidt und Margot Johannsen »Die alte Straße«
In: N 1944, S. 83
143 Entwürfe für Glasfenster
In: N 1944, S. 58
144 Entwürfe für Glasfenster
In: N 1944, S. 59
145 Entwürfe für handgeschmiedete Scharniere (Hespen) und ein paar Schlüsselschildchen
In: N 1944, S. 145
146 Fuchs und Hahn (Z.)
In der Zeichnung unten links monogrammiert: W
In: N 1944, S. 55
147 Eulenspiegel am Scheideweg (Z.)
In: N 1945, S. 55
148 Eidechsen. Vignette
In: N 1943, S. 26
(vgl. Quelle, 1944, G 33)
149 Adler. Vignette
In: N 1943, S. 2
150 Ill. zu Heinrich von Kleist »Anekdote aus
152 dem letzten preußischen Kriege«
In: N 1945, S. 24 f.
153 Die alte Eiche (Z.)
In: N 1945, S. 3
154 Kunstfreunde (Z.)
55,8 x 42,5 cm
In Privatbesitz
155 Kunstfreunde (Z. 1944)
50,8 x 40,8 cm
In Privatbesitz
(vgl. Monsheimer, APW, 1949)
156 Kunstfreunde (Z.)
55,8 x 42,3 cm
In der Zeichnung unten rechts monogrammiert: W
In Privatbesitz
157 Eisenbahn (Kohle und Bleistift, 1918)
33 x 47,7 cm
In der Zeichnung unten rechts monogrammiert: APW
In Privatbesitz
158 Ill. zu Hans Sachs »Der fahrende Schüler im Paradies«
In der Zeichnung unten rechts monogrammiert: APW
Leipzig, Hartenstein im Erzgebirge 1920, S. 29
159 Ill. zu Hans Sachs »Der Roßdieb zu Fünsing«
In der Zeichnung unten links monogrammiert: APW
Leipzig, Hartenstein im Erzgebirge 1921, S. 13
160 Ill. zu Hans Sachs »Der Roßdieb zu Fünsing«
Leipzig, Hartenstein im Erzgebirge 1921, S. 7
161 Gerettet (Z.)
46 x 59,2 cm
In der Zeichnung unten monogrammiert: W
Betitelt unten links: Gerettet
In Privatbesitz
162 Das brennende Schiff (Z. 1944)
40,4 x 54 cm
In der Zeichnung unten links monogrammiert: W
In Privatbesitz
163 Der Sprung (L. 1950)
48,4 x 63,6 cm
In der Zeichnung unten links monogrammiert: W
Signiert unten rechts: A. Paul Weber
Stempel der Clan-Presse unten links
In Privatbesitz
(B, S. 329, G 48, H 31, R 74)
164 Hunger (L. 1966)
65,3 x 75,7 cm
In der Zeichnung unten rechts monogrammiert (W) und datiert (22. 2. 66)
Signiert unten rechts: A. Paul Weber
Stempel der Clan-Presse unten links
In Privatbesitz
(B 60, K 1967, KW 68)
165 Glockenschläge (Z. 1961)
47,3 x 61,5 cm
In der Zeichnung unten links monogrammiert: W
Signiert unten rechts: A. Paul Weber
Beschriftet unten links: Entstehung zu Glockenschläge — 1960/61
Datiert unten rechts: 22. 10. 61
In Privatbesitz
(L.: K 1962)
166 Glockenschläge (Z. 1961)
49,8 x 63 cm
Datiert unten rechts: 22. 10. 61
In Privatbesitz
167 Glockenschläge (Z. 1961)
44,3 x 54,2 cm
Datiert unten rechts: 22. 10. 61
In Privatbesitz
168 Mars und Venus (Z. 1949/50)
41,4 x 56 cm
In Privatbesitz
(vgl. Monsheimer, APW, 1949, S. 31)
169 Mars und Venus (Z. 1949/50)
43,2 x 59,1 cm
In Privatbesitz
170 Europa und der Stier (Z.)
46 x 55,5 cm
In Privatbesitz
171 Europa und der Stier (Z.)
38,5 x 55,5 cm
In Privatbesitz
172 Europa und der Stier (Z.)
42,5 x 57,3 cm
In Privatbesitz
173 Europa und der Stier (Z.)
45,9 x 54,5 cm
In Privatbesitz
174 Europa und der Stier (Z.)
42,5 x 57,3 cm
In Privatbesitz
175 Mädchen mit Krug (Z.)
60,2 x 46,3 cm
In der Zeichnung unten links monogrammiert: W
Betitelt unten links: Gang zur Quelle
In Privatbesitz
176 Ritter. Ill. zu E. Edert »Knud Laward, der Herzog von Schleswig. Geschichtliche Erzählung«
In: N 1944, S. 86
177 Mädchen auf dem Feld (Ill.)
In: N 1944, S. 3
178 Muttersprache (Ill.)
In: N 1937, S. 3
(G 26)
179 Die Prozession (Z. 1942)
47 x 59 cm
In der Zeichnung unten rechts monogrammiert: W
In Privatbesitz
(H 4, R, S. 11/L.: WG III, S. 41)
180 Schach (L. 1977)
53 x 65 cm
In der Zeichnung unten links monogrammiert (W) und datiert (9. 4. 77)
Signiert unten rechts: A. Paul Weber
Stempel der Clan-Presse unten links
In Privatbesitz

181 Putzfrau (L. 1980)
51,5 x 39,8 cm
In der Zeichnung unten links monogrammiert (W) und datiert (1. 1. 80)
Signiert unten rechts: A. Paul Weber
Stempel der Clan-Presse unten links
In Privatbesitz
182 Die Flasche. Ill. zu Hans Schmidt-Gorsblock »Die Fuchsjagd«
In: N 1943, S. 89
183 Die Spinne. Skizze (Z. 1955)
54,6 x 46,3 cm
In Privatbesitz
(ausgeführt: R 91; vgl. L.: Die Angst regiert, 1971, B 57, K 1972, KW 123)
184 Waldszene. Ill. zu Willibald Alexis »Fridericus Rex«
In der Zeichnung unten rechts monogrammiert: W
Berlin 1925
185 Balance (Z. 1971)
22,5 x 19,3 cm
Signiert unten rechts: A. Paul Weber
In Privatbesitz
186 Das lange Warten (Z. 1948)
56,4 x 38,3 cm
In der Zeichnung unten links monogrammiert: W
Beschriftet unten links: Entstehung zu: »das lange Warten«
In Privatbesitz
187 Das lange Warten (Z. 1948)
59,4 x 45,6 cm
In Privatbesitz
(ähnlich: G 37)
188 An der Quelle (Z.)
52 x 39,7 cm
In der Zeichnung unten links monogrammiert: W
In Privatbesitz
189 Das lange Warten. Skizze (Z. 1948)
61,5 x 49,4 cm
In Privatbesitz
190 Die Äpfel des Eremiten (L. 1950)
53 x 64,9 cm
In der Zeichnung unten rechts monogrammiert: W
Signiert unten rechts: A. Paul Weber
Stempel der Clan-Presse unten links
Betitelt unten links: Die Äpfel des Eremiten
In Privatbesitz
(B 15, G 46, R 21)
191 Die Holzfäller (um 1936)
Öl auf Leinwand. 60,5 x 95,5 cm
In Privatbesitz
Foto: Wolfram Venohr, Hamburg
192 Der Kritiker (Z.)
In der Zeichnung unten rechts monogrammiert: W

193 Der junge Kaspar (1950)
Öl auf Holz. 91 x 82 cm
Monogrammiert: W
In Privatbesitz
Foto: Wolfram Venohr, Hamburg
(ähnlich: Tyll, Holzschnitt, 1949, G 44; Der junge Kaspar, Kohleskizze, 1962, A 1 und Noch einen? L.: K 1963)
194 Es ist alle, Herr Professor! (Z. 1956)
55,7 x 42,5 cm
In der Zeichnung unten rechts monogrammiert: W
In Privatbesitz
(L.: A 84, B 198, K 1963)
195 Der Kunst-Baum (Z.)
62,8 x 48,4 cm
In Privatbesitz
196 Das Ereignis (Z.)
44,8 x 31,2 cm
In Privatbesitz
197 Im Atelier (Z.)
42,5 x 55,7 cm
In der Zeichnung unten links monogrammiert: W
In Privatbesitz
198 Im guten Glauben (Z. 1946)
60 x 46 cm
In Privatbesitz
(L.: 1952)
199 Der Mann, der das Gras wachsen hört (Z.)
46 x 59,2 cm
Im Original koloriert
In Privatbesitz
200 Münchhausen — Am Schopf aus dem Sumpf (Z. 1955)
61,5 x 47,8 cm
In Privatbesitz
(L.: B 218, WG I, S. 31)
201 Münchhausen — Am Schopf aus dem Sumpf (Z. 1955)
55,7 x 45 cm
In der Zeichnung unten links monogrammiert: W
In Privatbesitz
202 Münchhausen — Der Bär (Z. 1955)
61,6 x 48 cm
In Privatbesitz
203 Münchhausen — Am Schopf aus dem Sumpf (Z. 1958)
55,8 x 45 cm
In der Zeichnung unten rechts monogrammiert: W
Datiert unten rechts: 4. 6. 58
In Privatbesitz
204 Münchhausen — Das Kuchenreutersche Gewehr. Sechs Skizzen (Z. 1955)
54,8 x 43,3 cm
Betitelt unten rechts: Das Kuchenreutersche Gewehr.
In Privatbesitz
(L.: Vor dem Schuß, B 217, Die Wunderflinte, G 95)

205 Münchhausen — Das halbierte Pferd (Z. 1955)
41,5 x 30,7 cm
In Privatbesitz
206 Goethe, Reineke Fuchs. Fünfter Gesang — Im Walde (Kohle. 1977)
41,9 x 32,5 cm
In der Zeichnung unten rechts monogrammiert: W
Signiert unten rechts: A. Paul Weber
Datiert unten links: 1. 5. 77
In Privatbesitz
207 Goethe, Reineke Fuchs. Achter Gesang — Die Predigt (Kohle. 1977)
42 x 32,4 cm
Monogrammiert unten rechts (W) und datiert (7. 5. 1977)
In Privatbesitz
208 Reiter im Fluß. Ill. zu E. Edert »Knud Laward, der Herzog von Schleswig. Geschichtliche Erzählung«
In: N 1944, S. 87
209 Hase und Igel (Z.)
45,7 x 59,4 cm
In der Zeichnung unten links monogrammiert: W
In Privatbesitz
210 Paar (Z.)
61,8 x 48,4 cm
In Privatbesitz
211 Die Freunde (Z.)
53,7 x 44,5 cm
In der Zeichnung unten rechts monogrammiert: W
Datiert unten rechts: 1950 (?)
In Privatbesitz
212 An der Brücke (kolorierte L.)
In der Lithographie unten links monogrammiert: W
Signiert unten rechts: A. Paul Weber
In Privatbesitz
Foto: Wolfram Venohr, Hamburg
(ähnlich: Zuspruch, L. G 61)
213 Schlangen. Schlußvignette zu E. Edert »Knud Laward, der Herzog von Schleswig. Geschichtliche Erzählung«
In: N 1944, S. 95

Literaturauswahl

Vorbemerkung: Die am leichtesten erreichbaren Abbildungswerke sind im Abkürzungsverzeichnis aufgeführt. Erstveröffentlichungen findet man zumeist in den beiden Zeitschriften »Widerstand« und »Simplicissimus«, an denen A. Paul Weber mitgearbeitet hat, und in den beiden Kalendern »Deutscher Volkskalender Nordschleswig« und »Kritischer Kalender«. Außerdem hat Weber noch viele Bücher illustriert und dabei teilweise auch Einbände, Umschläge und Typographie gestaltet oder beeinflußt. Eine kundige Würdigung verfaßte Günther Nicolin (A. Paul Weber: Zeichner — Illustrator — Graphiker) in der Zeitschrift »Antiquariat« (1971, S. 153—160). Er veröffentlichte dort auch ein Verzeichnis der illustrierten Bücher. Nicolin verdanken wir außerdem weitere APW-Bücher und -Beiträge, unlängst die Schrift »Wie ein Druckerzeichen entsteht« (in: Imprimatur. 1982. S. 114 ff.), die die kommentierte Wiederveröffentlichung einer Arbeit des jungen A. Paul Webers von 1922 enthält.

Einige Studien über A. Paul Weber
(vgl. auch das Abkürzungsverzeichnis)

Bornemann, Bernd: A. Paul Weber. Seine zeitkritische und humoristische Druckgraphik (1945 bis 1976) und ihr Verhältnis zur Karikatur. Frankfurt/Main, Bern 1982.
Fina, Kurt: Kritische Graphik in der historisch-politischen Bildung. Protokolle eines Unterrichtsversuchs. Würzburg 1975.
Fischer, Rudolf: Der Zeichner A. Paul Weber. In: Widerstand. Dezember 1929. S. 377—380.
Krämer, Hermann: Im Namen des Volkes. Hamburg 1982.
Monsheimer, Otto: A. Paul Weber. Hamburg 1949.
Nicolin, Günther: A. Paul Weber — Illustration und Graphik. Eulenspiegel und Reineke Fuchs. In: Illustration. 1973. H. 3, S. 74—77.
Schmidt-Gorsblock, Hans: A. Paul Weber zum 1. November 1968. In: Deutscher Volkskalender Nordschleswig. 1969. S. 27—31.
Schoberth, Friedrich Wilhelm: Verständigungsversuche über A. Paul Weber. In: Besinnung. Zeitschrift für Kultur und Geistesleben. 1974. H. 2/3, S. 68—73.
Weber, A. Paul: Tierbilderbuch. Mit einer Einleitung von Günther Nicolin. Hamburg 1974.
Zeitler, Rudolf: A. Paul Webers Zeichnungen zu Ernst Niekischs Schrift »Hitler — ein deutsches Verhängnis«. (MS: Druck in Vorbereitung).

Auswahl illustrierter Bücher

Alexis, Willibald: Fridericus Rex. 2 Bde. Berlin 1925.
Alexis, Willibald: Der Werwolf. Berlin 1925.
Anders, Günther: Der Blick vom Turm. Fabeln. München 1968.
Bäcker, Hans: Begegnungen eines Deutschen. Berlin 1930.
Borms, August: 10 Jahre im belgischen Kerker. Berlin 1930.
Emmerich, Ferdinand: Der Walfischfänger. Dresden 1924.
Frenssen, Gustav: Der brennende Baum. Berlin 1931.
Gellert, Georg: Das Goldene Tor. Dresden 1923.
Goethe, Johann Wolfgang von: Reineke Fuchs. Berlin 1924.
Goethe, Johann Wolfgang von: Reineke Fuchs. In zwölf Gesängen. Stuttgart 1977.
Grabenhorst, Georg: Das Mädchen von Meaux. Göttingen 1961.
Grimmelshausen, Hans Jacob Christoffel von: Der abenteuerliche Simplicissimus. Gütersloh 1970.
Herchenröder, Jan: Ein Mädchen läuft aus dem Ruder. Hamburg 1977.
Knigge, Adolph Freiherr von: Über den Umgang mit Menschen. Düsseldorf 1974.
Leipziger Illustrierte Zeitung. Jg. 151. 26. 11. 1918. Nr. 3934. [Über die Arbeit der Eisenbahnpioniere].
Mencken, Henry Louis: Demokratenspiegel. Berlin 1930.
Niekisch, Ernst: Hitler — ein deutsches Verhängnis. Berlin 1932.
Prezzolini, Giuseppe: Das Leben Nicolò Machiavellis. Dresden 1929.
Sachs, Hans: Fastnachtsspiele. 10 Bde. Leipzig 1920/22.
Scharrelmann, Wilhelm: Hinnerk der Hahn. Berlin 1930.
Schmidt-Gorsblock, Hans: Der neunte April. Apenrade 1943.
Schmidt-Gorsblock, Hans: Menschen zwischen zwei Meeren. Husum 1977.
Stapel, Wilhelm: Literatenwäsche. Berlin 1930.
Stecowa: Phantastisches und Übersinnliches aus dem Weltkrieg. Berlin 1932.
Villon, François: Balladen. Hamburg 1939.
Villon, François: Balladen. Hamburg 1982.
Winckler, Josef: De olle Fritz. Bremen 1926.
Winnig, August: Die ewiggrünende Tanne. Hamburg 1929.

Zur Zeitgeschichte

Jünger, Ernst: Ausgehend vom Brümmerhof. In: Scheidewege. 1974. S. 610—634.
Mohler, Armin: Die konservative Revolution in Deutschland 1918 bis 1932. Ein Handbuch. 2. Aufl. Darmstadt 1972.
Niekisch, Ernst: Die dritte imperiale Figur. Berlin 1935.
Niekisch, Ernst: Das Reich der niederen Dämonen. Eine Abrechnung mit dem Nationalsozialismus [drei Teile vor 1937 verfaßt unter dem Titel »Deutsche Mobilmachung«; der vierte Teil entstand 1948]. Hamburg 1953. (Reprint: Berlin 1980).
Niekisch, Ernst: Erinnerungen eines deutschen Revolutionärs. Köln 1974. (Bd. 1: Gewagtes Leben, 1889 bis 1945). [Erstdruck: 1958].
Niekisch, Ernst: Erinnerungen eines deutschen Revolutionärs. Köln 1974. (Bd. 2: Gegen den Strom, 1945 bis 1967).
Niekisch, Ernst: Widerstand [ausgewählte Aufsätze aus der Zeitschrift, mit Zeichnungen von A. Paul Weber]. Krefeld 1982.
Paetel, Karl O.: Ernst Jünger. Reinbek bei Hamburg 1962. (Rowohlt-Monograhie, Bd. 72). [Mit zwei Bildern von A. Paul Weber].

Zeittafel

1893
Am 1. November als Sohn eines Eisenbahn-Assistenten in Arnstadt (Thüringen) geboren

1903 — 1910
Realschule in Arnstadt, Kunstgewerbeschule in Erfurt

1908 — 1914
Mitgliedschaft im Jung-Wandervogel. Wanderungen durch Deutschland

1911 — 1913
Erste lithographische Versuche. Gebrauchsgraphik

1914 — 1918
Eisenbahnpionier. Zeitweilig Zeichner und Karikaturist bei einer Armeezeitung

ab 1917
Zahlreiche Buchillustrationen

1920
Heirat mit Toni Klander; aus der Ehe gehen fünf Kinder hervor, unter ihnen Christian, der später als Drucker in APWs »Clan-Presse« mitarbeitet

1925
Gründung der »Clan-Presse«

1928 — 1937
Mitwirkung im Widerstandskreis um Ernst Niekisch. Beziehungen zu den Brüdern Jünger, zu Alfred Toepfer und zu zahlreichen »national-revolutionären« Autoren

1931 — 1934
Gemeinsam mit Niekisch Herausgabe der Zeitschrift »Widerstand«. Bis 1936 Buchausstattungen und Illustrationen für den Widerstands-Verlag

1932 — 1936
Verschiedene Wohnsitze: Berlin-Spandau, Oberellen, Nikolausberg, Reinhausen, Brümmerhof in der Lüneburger Heide, endgültiger Wohnsitz in Schretstaken (Kreis Herzogtum Lauenburg)

1932 — 1945
Mitgestaltung des »Deutschen Volkskalenders Nordschleswig«, besonders in den Kriegsjahrgängen zahlreiche Illustrationen. Freundschaft mit der Familie des Herausgebers Hans Schmidt-Gorsblock

1935
Reise mit Ernst Niekisch nach Italien

1936 — 1980
Zahlreiche Arbeiten für die »Griffelkunst-Vereinigung« Hamburg (Leiter: Johannes Böse und Erich Arp)

1937
Im Zusammenhang mit der Verfolgung des Widerstandskreises Haft in Hamburg-Fuhlsbüttel, Berlin und Nürnberg

1938/39
Im Winter Aufenthalt in Florida/USA

1943
Teilnahme an einer bald wieder geschlossenen Ausstellung in Wien

1944 — 1945
Wehrdienst

1947 — 1980
Zahlreiche Ausstellungen im In- und Ausland, besonders große Ausstellungen: 1977 in Reykjavík und 1978 in Bonn

1954 — 1967
Mitarbeit an der Zeitschrift »Simplicissimus«

1955
Kunstpreis des Landes Schleswig-Holstein

1959 — 1981
»Kritischer Kalender«

1963
Hans-Thoma-Medaille der »Hans-Thoma-Gesellschaft« Reutlingen

1969 — 1980
Mitarbeit an der Zeitschrift »Erasmus« von Rudolf Jud

1971
Ernennung zum Professor und Verleihung des Großen Bundesverdienstkreuzes

1973
Eröffnung des Weber-Hauses auf der Dominsel in Ratzeburg durch Bundespräsident Heinemann

1974
Gründung der »A.-Paul-Weber-Gesellschaft«

1980
Am 9. November in Schretstaken gestorben

Genehmigte Lizenzausgabe
für die Mitglieder
der Büchergilde Gutenberg
Frankfurt am Main Olten Wien

Gestaltung:
Arno Häring, Bergisch Gladbach

Reproduktion:
Auer Reprotechnik, Krefeld

Satz:
Fotosatz Böhm, Köln

Druck:
Georg Appl, Wemding

Einband:
Friedrich Pustet, Regensburg

Printed in West Germany
ISBN 3 7632 2822 5

Bildnachweis:
Innentitel, A.-Paul-Weber-Haus
und sämtliche Ölgemälde:
Wolfram Venohr, Hamburg